Für eine wunderschöne Frau!

06/2019

Kurt Reichelt
LEBENDIGE LIEBE

Für meine Liebe

Vier Elemente prägen unsere Welt:
Feuer, Wasser, Luft und Erde.
Das fünfte Element ist die Liebe.

Kurt Reichelt

Lebendige Liebe

Gedichte

Mit Bildern von Rainer Magold

Umschlagbild/Titelillustration: Rainer Magold
Lektorat: Meike Stewens

ISBN 978-3-86557-378-0
© NORA Verlagsgemeinschaft (2015)
Pettenkoferstraße 16 - 18   D-10247 Berlin
Fon: +49 30 20454990 Fax: +49 30 20454991
E-mail: kontakt@nora-verlag.de
Web: www.nora-verlag.de
Alle Rechte vorbehalten
Druck und Bindung: SDL – Digitaler Buchdruck, Berlin
Printed in Germany

Inhalt

Feuer	6
Wasser	24
Luft	76
Erde	134
Index aller Gedichte	184

Feuer

Dein Mund

Er öffnet die sinnlichen Lippen: sein Tor,
er atmet das Leben, erzählt mir von Dir
und Du den anderen von Liebe und Sehnsucht.
Er öffnet sich für Nahrung, für zärtliche Nähe,
er lässt sich liebkosen und küssen und schmecken,
lädt ein zum wilden, erotischen Spiel.
Er spürt, er berührt – die Symbiose der Liebe!

Deine Küsse

Deine Küsse erhellen die Seele im bunten Zelt der Erde,
Deine Küsse entfachen Begehren und
berühren das liebende Herz,
Deine Küsse schmecken nach dem Salz der Sehnsucht,
Deine Küsse schlagen die Brücke zur Seligkeit und
Geborgenheit,
Deine Küsse hauchen der Liebe Leben ein.

Nie verlassen!

Weder hier in diesem Leben
noch in einem anderen Dasein
werde ich Dich je verlassen.
Selbst im Jenseits werde ich Dich
auf meinen Energien tragen.
Du bist das größte Geschenk des Lebens
und ganz besonders meines Lebens.
Ich werde immer Deine Nähe suchen.

LIEBLING,

ich fürchte weder
Hölle noch Teufel.
Nur eines kann mich erschrecken und vernichten:
die Grenzen Deiner Liebe zu entdecken.

DEINE SONNE

Es ist Deine innere Sonne,
die wärmt,
die gedeihen lässt,
die das Licht
der Liebe spendet.

BERÜHRENDE LIEBE

Ich berühre Dich, ich spüre Dein Frausein,
ich höre die Laute aus der Tiefe Deiner Seele,
ich fühle Deine Liebe.
Dieses Mysterium
zwischen Leben und Sterben
lässt uns das Leben lieben und den
Tod als späten Freund hinnehmen.

Deine Lust

Du lagst wie berauscht neben mir,
Du warst meinen zärtlichen Berührungen erlegen.
Du stiegst die Treppe der Sinnlichkeit empor, und
am Ende des Aufstiegs brannte Deine Seele,
einem Höhenfeuerwerk gleich.
Für wenige Sekunden
flog Dein Körper der Sonne entgegen.

Endlich!

Es ist wieder Zeit für Nähe,
für liebevolle Berührungen,
für tanzende Herzen,
für Lebensfreude.
Dies ist das schönste Ziel eines jeden Tages:
Es ist Zeit für Dich!

Diamant

Eine berührende Freude.
Ein reißender Schmerz.
Ein ewiges Suchen
nach Vollkommenheit der Gefühle.
Es bleiben nur Stunden
des Lebens,
der göttlichen Erkenntnis,
einer tiefen Wahrnehmung,
und das sind unsere Kostbarkeiten.
Du bist mein Diamant der Liebe.

Mein Schatten

Ich fühle meinen Schatten:
Er geht mir voraus über Berge, durch Täler,
lässt Raum für die Wärme,
dann legt er sich über mich
und erstickt jeden wärmenden Sonnenstrahl.
Ich spüre die Kälte von gestern,
um im Morgen
an der Vergangenheit zu verbrennen.

Feuervogel

Er fliegt mit Leidenschaft ins Licht der Liebe,
durch die Täler des Lebens und hinauf auf die Gipfel der
Leidenschaften.
Nur das Nest will er nicht finden:
Es wurde im Meer des Verlangens verbrannt.
Und so fliegt er
dem Traum der Liebe bis ans Ende der Zeit entgegen
und ist doch ein glücklicher Vogel.

Der Nachtvogel des Zweifels

Das Licht verliert sich in der Dunkelheit,
der Nachtvogel des ewigen Zweifels
schwebt über Deinen Gedanken,
möchte Dir Sicherheit und Vertrauen rauben,
Dir den Frieden und die Liebe nehmen.
Suche jeden Tag Deinen Weg der
Wahrheit und der Liebe,
der Achtsamkeit und der Würde,
und der Nachtvogel
wird weiterziehen.
Die Wärme Deines Lichts würde
ihn verbrennen.

Lass uns …

Lass uns leben,
lass uns lieben
im Hier und Jetzt.
Lass uns gehen
in den Tod
und uns dort finden
zum ewigen Tanz
der liebenden Energien!

Göttliche Momente

Ich spüre die Tiefe Deiner Wonnen, und
in meinem Herzen geht die Sonne auf:
Sie verströmt Licht ohne Schatten,
bringt die Seele zum Leuchten.
Ein Augenblick der Vollkommenheit,
ein Tanz der fühlenden und berührenden Liebe,
göttliche Momente!

Brennende Mahnung

Die Sonne brennt,
das Grün verdorrt,
Mensch und Tier
kommen aus dem Takt.
Ist das der Sommer
oder eine Mahnung,
die Natur zu achten,
statt sie zu zerstören?

Ich küsse

Ich küsse Deine Stirn,
das Wissen und das Können.
Ich küsse Deine schöne Nase,
sie erkennt den Duft der Liebe.
Ich küsse Deinen sinnlichen Mund,
er fühlt die Liebe.
Ich küsse Deinen Körper:
Er ist die Liebe.

Wenn die Liebe fehlt

Was ist Freiheit ohne Liebe?
Was ist Schönheit ohne Liebe?
Was ist Zauber ohne Liebe?
Sinnlose Freiheit!
Hohle Schönheit!
Leerer Zauber!

Schönste Kraft

Ein Kuss von Dir in trauter Stunde
lässt die Seele aus der Erdentiefe aufsteigen
in den Himmel der Träume.
Ein stiller Friede lässt die
schönste Blume in Deinem Herzen erblühen,
sie schenkt Dir Kraft für Lust und
Schmerz der Liebe.

Zwei Verliebte

Was ist mächtiger:
die Liebe oder das Leid?
Ich denke, beide sind unsterblich
ineinander verliebt und können
nicht voneinander lassen.

Die wilde Rose

Sie blüht abseits,
am Rande der Straße,
in den Nischen des Vergessens,
fern von bewundernden Blicken.
Sie braucht nichts als den Regen und
die Sonne des Himmels,
kein Staunen und Lobpreisen begleitet sie.
Doch ihr Glanz, ihre leuchtende Farbe
und ihr wohlgeformter Blütenkelch
machen sie zur schönsten Rose der Erde.

Sturm der Sehnsucht

Die Stunden ziehen, den Wolken gleich,
mit meinen Gedanken direkt zu Dir.
Mein Sehnen, erst noch ganz klein,
wächst, ballt sich zusammen –
ein Sturm kommt auf.
Es ist ein Sturm der Sehnsucht nach Dir.
Die Liebe wird Zentrum des Lebens:
Deine ewige Liebe.

Schönster Tanz

Der Widerspruch,
die Spannung,
die Versöhnung:
Das ist der Liebe
schönster Tanz!

Wonnig weh

Die Liebe erfüllt mich.
Und wenn sie wehtut,
entsteht nicht mehr Leid,
sondern in Wirklichkeit
mehr Liebe.

Gefunden

Ich habe Dich gefunden
unter allen Sonnen des Universums.
Du bist die schönste Blume im Meer allen Lebens.
Der Glanz Deines Körpers entfacht meine Leidenschaft,
alle Träume erzählen von unserer ewigen Liebe.
Endlich habe ich Dich gefunden.

Freiheit

Ich lebe in Dir.
Die Glut meiner Sehnsucht
im Kleid der Liebe,
sie macht Dir das
größte Geschenk des Lebens:
Es ist die Freiheit der Liebe.

Uns beiden

Mein Atem gehört DIR,
meine Augen gehören DIR,
meine Gedanken gehören DIR,
meine Sehnsucht nach Liebe gehört DIR.
Mir bleibt unsere liebende Nähe,
und die gehört uns beiden.

Geniessen

Genieße das Licht,
die Luft, das Feuer –
sie sind Teil des Geistes.
Genieße das Wasser, die Erde –
sie sind die Heimat Deines Körpers.
Genieße die Liebe –
sie ist das Zuhause Deiner Seele.

Zärtliche Worte

Der Zauber Deines Lächelns,
das Brennen Deiner Begehrlichkeit,
Deine zärtlichen Worte,
Dein Rufen und Dein Schweigen,
Dein Leiden und Dein Glücklichsein –
in allem spüre ich Deine Liebe,
eine kleine Form der Vollkommenheit.

Genau dort

In der Sehnsucht liegt die Spannung des Lebens.

Lass uns …

Es rauscht durch den Schlaf
ein Hauch von Schmerz, Freude und Verlangen.
Dein Atem trägt mich,
wir leben für unsere Liebe.
Lass uns aufwachen,
die Sehnsucht stillen,
lass uns küssen und glücklich sein!

Das ist Leben!

Leben, das ist die Wärme der Sonne,
Leben, das ist mein Mund an Deinem Körper,
Leben, das ist Wut über das Unrecht.
Die Wärme der Sonne genügt nicht –
ich brauche Zeit, um sie zu genießen.
Mein Mund an Deinem Körper genügt nicht –
ich will ihn auch küssen.
Die Wut über das Unrecht genügt nicht –
wir müssen etwas unternehmen.
Das ist Leben!

Deine Liebe

Die Sehnsucht wirbt um Dich.
Selbst hinter verschlossenen Augen strahlst Du so hell,
als gäbe es nur eine Sonne,
als bliebe nur eine Hoffnung:
Deine Liebe.

Das herrlichste Lied

Ich höre Deine Laute tiefer Empfindung
und kann mich an keine schöneren Töne erinnern.
Du singst der Liebe herrlichstes Lied,
schenk mir diese Klänge aus Deinem Paradies.

Ohne Lohn

Liebe ist
wie im Bergwerk ohne Lohn zu arbeiten und
sich doch an den Kohlen im Feuer zu erfreuen.

LIEBESZEIT

Mit voller Kraft,
mit voller Hingabe,
lautlos und unvergesslich
will ich Dich lieben und erhören.

NACH OBEN!

Im Keller meiner Geschichte wird es mir
mehr kalt als warm,
im Herzen aber glüht es immerfort.
Dein Licht der Liebe zeigt mir den Weg
nach oben.

DEINE MITTE

Wir lieben sie beide:
die Sterne der Sehnsucht
aus Deiner Mitte.
Der Nabel, der Hügel, die Haare,
die zarte Haut und Dein Duft
bereiten
ein sinnliches Mahl.

Wildes Land

Dein Mund ist eine Höhle der süßen Verführung.
Ich trinke berauscht aus dieser Quelle
und sinke willenlos in die Tiefen des Glücks.
Im Land der wilden Sinnlichkeit
pflücken wir rote Rosen.

Unser Weg

Ich liebe Deine Seele, Deinen Eros, Dein Herz,
die brennende tägliche Sehnsucht nach Dir.
Hand in Hand gehen wir über die Wolken
und finden selbst nachts die Sonne der Liebe.
Unser Licht zeigt uns den Weg.

Suchen und Finden

Wenn ich Dich heute nicht küsse,
wird mein Seelenfaden reißen.
Der Himmel wird sich verdunkeln,
die Kälte wird mich lähmen, alles wird leer und düster.
Ich muss Dich suchen:
ganz ohne Licht,
ganz ohne Weg.
Ich muss Dich finden
für einen Kuss der Liebe.
Ich muss Dich tragen
in des Lebens großen Sinn.

ERNTEZEIT

Unsere Begegnung erlöst Deine Seele von den Ketten der Dunkelheit,
das Licht der Liebe erhellt Dein Herz.
Dein zarter Körper wölbt sich zum Himmel der Lust:
Es ist Erntezeit der Seele.

OHNE VERLANGEN

Keine Ziele,
keine Ansprüche,
keine Realitäten ohne Verlangen.
Ein zärtlicher Kuss,
eine sanfte Berührung,
ein Augenblick der Nähe,
und ein neuer Stern
wird im Herzen geboren.

ANGST

Deine Uhr schlägt tot die Zeit,
die Glocke schlägt zur letzten Stund',
das Leben schlägt auf Dein Gewissen,
wer schlägt Dir die Ängste aus dem Kopf?
Es ist die Liebe:
Sie kennt nur Achtsamkeit und göttliche Hoffnung,
aber niemals die Angst.

BEGEGNUNG

Nur ein Blick,
ein Wunsch,
eine Berührung.
Lust spüren,
Freude annehmen,
achtsam nachspüren,
Danke sagen für die Heilung und
dann wieder loslassen und weitergehen.

GLEICHKLANG

Ich träume mich in die Zauberwelt unserer Liebe
und finde dort das Strahlen Deiner Seele,
die Liebe Deines Herzens,
den Gleichklang Deiner Formen und Farben,
die reine Schönheit Deines Frauseins.
Ach, schenk mir doch auch den Gleichklang unseres Atems
und lass mich Deine Melodie der Lust erhören!
Das wäre die schönste Wirklichkeit im Gleichklang der Liebe.

Wasser

Es fliesst

Das Wasser fließt über die Steine der Vergangenheit.
Unsere Liebe fließt aus dem Gestern über das Heute ins
　　Morgen
in ein blühendes Paradies.

Gefühle am Meer

Der sanfte Wind des Meeres umweht meine Haut,
ein inneres Schwingen gibt mir Sicherheit,
ich fühle mich frei
und geborgen.
Wenn ich an Dich denke, dann hüpft mein Herz
vor Freude:
Ich werde geliebt.

Mitte der Seele

Du schönste Rose:
Meine Fantasie liebkost Dich,
meine Gedanken berühren Dich,
mein Mund küsst Dich zärtlich.
Und doch liegt im Inneren eine Träne,
die aus Freude fließt
oder sich schlafend dem Leben entzieht:
Es ist die Mitte Deiner Seele.

Dich spüren

Eine Möwe segelt über den Abendhimmel,
das Laternenlicht am Strand
lässt Deine Schönheit erstrahlen.
Meine Sehnsucht sucht Erfüllung.
Unsere Gedanken treffen sich
zwischen dem Leuchten der Sterne.
Es ist Zeit für Nähe:
Lass mich Dich spüren!

Dein Schatten

Jenseits Deines Wachseins,
jenseits von fühlender Nähe,
jenseits von Raum und Zeit,
im Dunkel Deiner Träume.
Fernab des Verfügbaren,
weitab, im Schleier des
Gestern und Morgen,
entstehen Momente der Liebe im Heute.
Dein kühler Schatten, die warmen Konturen –
Man kann sehen, fühlen, aber niemals erfassen.

Unser Morgen

Du
siehst am blauen Meer
den Horizont der Ewigkeit:
das Zuhause
der ewigen Liebe.
Lass uns in Achtsamkeit leben,
denn nur sie kennt den Weg
in unser Morgen.

Deine Rose

Deine Rose zu liebkosen,
Deine Knospe zu küssen
öffnet das Tor Deiner Seele
zum liebenden Leben
und zu mir.

Lied der Sehnsucht

Der Wind des Meeres
trägt meine Träume zu Dir.
Sie kommen von weit her und
singen Dir im Wellenschlag der Gezeiten
das Lied von der liebenden Sehnsucht.
Lass Dein Herz berühren,
ich bin bei Dir.

Sehnsucht

Die Liebe sehnt sich nach Erfüllung,
wie ein Kind nach seiner Mutter ruft.
Meine Liebe sehnt sich danach, Dich zu fühlen und zu berühren,
sie ruft nach Dir, für eine Ewigkeit und einen Tag.

Liebesziel

Es sind die bunten Flusskiesel im Tal der Berge,
die sich in Schönheiten verwandeln,
wenn Sonne und Wasser sie zum Leuchten bringen.
Wie jeder Stein in Farbe und Form einzigartig ist,
so ist jedes Leben einmalig der Liebe verbunden.
Sie fällt uns vom Himmel in den Schoß,
sie schenkt uns Freude,
lässt uns traurig sein,
sogar am Leben verzweifeln.
Und doch wagen wir es immer wieder:
Wir suchen in jedem Augenblick
die Erfüllung.

Meine Andacht

Es ist der Segen meines Lebens,
Deine Liebe zu spüren,
und es ist ein Gebet an Dich,
meine Gefühle in Worte zu fassen –
die ewige Sehnsucht, in Deiner Liebe zu leben.

Das Gestern

In der Nacht kam das Gestern,
es fragte, wie es mir gehe,
ich antwortete: Ich liebe!
Da drehte sich das Gestern um
und schenkte mir den Mantel des Vergessens
und das Licht der Hoffnung,
für diese Liebe leben zu wollen.

Meine Träume

Sie sind unruhige Flüsse,
sie umrunden die Steine des Gestern und Heute,
sie suchen das Morgen im Land der ewigen Liebe.
Meine Träume zwischen dem tiefen Schwarz
und dem ruhigen Weiß werden zu grauen Bildern
einer verlassenen Landschaft.
Wo ist die fühlende Liebe?
Sie ist in meinem Herzen und in meiner Seele,
aber nicht an meiner Seite.

SOMMERREGEN

Ein schwerer Tropfen fällt
und lässt das Blatt erbeben,
es saugt das Leben ein.
So bebt auch mein Herz
in Deiner Nähe,
Deine Zartheit gibt mir Nahrung
für meine Seele –
ein warmer Sommerregen!

BILDER DER ROSEN

In meiner Seele blühen die Bilder Deiner Schönheit:
Es sind farbenfrohe, duftende Rosen,
es ist die Vollkommenheit der Harmonien,
es sind die Lieder des Lebens, die gehört und respektiert
    werden wollen.
Nur das schönste Bild hat keinen Rahmen und keinen festen
    Ort:
unsere Liebe.
Sie lebt in jeder Sekunde unseres Lebens.

Mein Schlaf

Unruhig wälze ich mich hin und her, sehne mich nach tiefem Schlaf,
der mir Energie schenkt für das Leben, für unsere Liebe.
Meine Gedanken tasten nach Dir
in der Grauzone zwischen Wachsein und Traum-haften Berührungen.
Ich fühle mich einsam und verlassen in Körper und Seele,
ich suche ohne zu finden, sehne mich nach Deiner Nähe.
Es bleiben nur Träume und die Hoffnung, Dich nach dem Erwachen
in meinen Armen zu halten.

Deine Liebe

Wo kommt sie her?
Was soll sie bewirken?
Wie hoch ist ihr Wert?
Sie verfolgt keinen Zweck, lässt sich nicht berechnen:
Sie ist ein Geschenk des Universums.
Dein Gespür für die Sehnsucht der Menschen
ist eine Gabe der Engel.
Du öffnest Dein Ohr, Du öffnest Dein Herz,
erkennst an, dass der Mensch nicht vollkommen ist.
Du bist Liebe, und ganz besonders meine Liebe.
Du machst meine Seele heil.

Einsam

Nie bin ich einsamer als im Frühjahr.
Ich stehe im Park der tausend Blüten
und kann, und darf, und mag sie nicht sehen!

Dein Körper

Dein Körper – eine Symphonie von Formen und Farben.
Deine Zartheit, Dein Duft, sie beleben die Sinne.
Deine Seele ist Vorbild und Kraftspender,
Du lebst den Menschen die Achtsamkeit vor.
Das Leid wird zur Prüfung, die Liebe das Ziel.
Dein Körper, Dein Geist, Dein Herz, Deine Seele –
sie bereiten in Harmonie
ein Fest der Nächstenliebe.

Ich geniesse

Ich trinke Deinen feuchten Atem,
ich schmecke Deinen Mund
und genieße den Fluss Deines Lebens.
Ich küsse Deine zarte Haut
und betöre mich am Duft Deines Körpers.
Ich berühre den Garten Deiner Lust
und liebkose die schönste Blume:
Deine dunkle Rose der sinnlichen Liebe.

Deine Schönheit

Du, edles Geschöpf der universellen Energien,
Du, schöne Frau mit Deiner Zartheit und Deinem liebenden
   Blick,
gepaart mit dem Duft von blühenden Rosen,
Du bist die ewige Liebe an meiner Seite.

König der suchenden Liebe

Es sitzt ein König
gefangen im Turm der Träume,
sein Land der Liebe ist belagert,
es bleibt ihm nur ein wunderschönes Schloss
im Rosengarten der Sehnsüchte.
Dort darf er die Liebe besuchen,
wenn die Zufälligkeiten es erlauben,
er ist ein König ohne Reich,
er lebt für seine Liebe mit Demut und
großem Herzen,
er ist ein König, der liebt.

OHNE ENDE

Wenn Du unsere Liebe lebst,
lasse los, um sie jeden Tag neu zu finden.
Klammere Dich nicht an sie wie ein Ertrinkender,
sondern lass Dich treiben im weiten Meer.
Nur die Gezeiten der Erde,
der Pulsschlag des Wassers,
formen den Stein.
Es ist ein Kommen und ein Gehen
und der Stein wird rund,
ohne Anfang und Ende,
unserer Liebe gleich.

WINTERGEDANKEN

Wenn die Kälte die Wärme verdrängt,
wenn Eis den Boden bedeckt,
wir mit Beschränkungen leben,
ist es Winterzeit.
Zeit des Rückzuges in die Geborgenheit,
Zeit zum Träumen,
Zeit, seine Sehnsüchte zu erkennen,
Zeit, seine Forderungen an das Leben zu erheben,
um schließlich in freudiger Erwartung den Frühling zu
    empfangen.
Zeit, sich zu finden, um frei zu sein!

Sonntagmorgen ohne Dich

Das Glockengeläut holt mich aus meinen Träumen,
ich werde wach und suche mit allen Sinnen meine Liebste.
Ich kann sie nicht sehen, nicht spüren, ich nehme ihren Duft
    nicht wahr.
Finde nur Leere und fühle mich verlassen.
Meine Ängste füllen meine Einsamkeit.
Wo ist die Frau meiner Träume?
Liebe ich eine Illusion? Oder geht sie den Weg
der ewigen Sehnsucht nach vollkommener Liebe
an einem Sonntagmorgen?

Begrenzung

So schnell der Fluss auch fließt,
die Ufer bleiben stets unbewegt.
Die Begrenzungen Deines Ichs sind das Erbe von gestern,
nur Deine Intuitionen von heute ebnen den Weg in das
    Morgen.

Begegnung der Liebe

Zarte Berührungen, in der Umarmung verweilen,
in der weichen Geborgenheit eines Nestes.
Bei Dir sein, bei Dir ausruhen, bei Dir genießen –
das ist liebende Begegnung mit Dir.

Zeit der Zärtlichkeit

Das Warten ist zu Ende, wir sind uns so nah,
wie wir es nie zuvor waren.
Dein Lächeln weist mir den Weg zur Zärtlichkeit,
wenn ich Dich sanft berühre, wird der Moment
zur Ewigkeit.
Schließ die Augen,
und Deine Seele küsst Dein Herz.
Es ist die Zeit der Zärtlichkeit.

Ausharren

Ich harre aus, bis der Regen nachlässt,
bis der Sturm sich legt,
bis die Gefühle sich verlieren,
die Küsse kalt und trocken werden.
Ich harre aus, weil die Ängste bei mir wohnen.
Ich suche, um das zu finden, was es
auf Erden nicht gibt:
das Paradies in meinen Träumen.

In Vollendung

Deine Liebe berührte mein Leben
wie die Feder den See;
der zarte Kontakt
lässt Kreise der Vollkommenheit
entstehen.
So ist auch Deine unsterbliche
Liebe in meiner Seele ein
ewiger Kreis des Glücks
ohne Anfang
und Ende.

Dein Paradies

Meine Gedanken fallen in Deinen Schoß,
meine Sehnsucht küsst Deine Rose.
Es ist das Tor zum Paradies,
es ist die Brücke zur Seligkeit,
es ist Anfang und Ende
der achtsamen Liebe.

DU BIST DA

Du – bist fern und nah.
Du – bist immer bei mir.
Ich berühre
Deine Hand, schmecke
Deine Lippen, spüre
Deinen Atem.
Unsere Herzen
schlagen für die Liebe
unseres Lebens.
Wir sagen danke!

DAS ALLES

Es sind nicht nur
Deine leuchtenden Augen,
Dein fröhliches Lächeln,
Dein sinnlicher Mund,
oder die Zartheit Deiner Haut.
Auch nicht
der Duft Deines Körpers,
Dein wohlgeformter Busen,
die Art, wie Du Dich bewegst,
mir mit sanfter Stimme
Worte der Liebe zuflüsterst.
Oder
Dein Denken,
Dein Fühlen,
Deine Achtsamkeit und Nächstenliebe.
Nicht eines allein, sondern alles zusammen
macht Deine Schönheit aus.

Im Mondlicht

In der Stille der Nacht
ein intimer Moment,
ein göttlicher Funke,
Körper berühren sich,
Seelen begegnen sich,
ich spüre Deine Lust,
dann Deine Entspannung,
liebkose Deine Haut.
Unsere Liebe wird neu geboren,
immer wieder:
Lebensfreude im Mondlicht.

Deine Blüte

Alle Blüten dieser Welt:
Schönheiten der Natur,
sie sollen im Lichte der Sonne
die Sinne verwöhnen.
Deine Blüte: wie ein Tempel,
geschaffen mit einem Vorraum
der schützenden Flure, einem
Glockenspiel für Melodien
tiefer Empfindungen, mit einem
Altar für die Zärtlichkeit, die mich berührt
wie die warme Brise am Meer der tausend
Träume, mit einem Duft von
Jasmin, dies ist der Ort der
berührenden Liebe, es ist das
Wunder, Deine Blüte!

Berührung ohne Worte

Ich spüre Deinen Körper:
ein Moment der Vollkommenheit.
Wie die Sonne am Morgen
den Tag erweckt,
ist für mich Deine Nähe
ein göttlicher Lebenshauch.
Mit jeder Berührung
wächst die Liebe in mir.
Sie schenkt mir Sicherheit und Vertrauen,
sie verzaubert unser Leben,
auch ohne Worte.

Herzensliebe

Danke, geliebtes Herz,
dass Du
mein Leben neu pulsieren lässt,
dass ich den Rhythmus der Zeit spüre
und jeden Atemzug
als Geschenk empfinde.
Meine Liebe gehört Dir, mein Herz.
Das ist mein Geschenk an Dich.

Mein Traum

Ich träume von Harmonie.
Ich träume vom Glücklichsein.
Ich träume von Zweisamkeit.
Ich träume von unserem Wir.
Ich werde wach und bin doch
wieder allein.

Träume der Sehnsucht

Es ist die Sehnsucht,
die unsere Träume lenkt.
Lass die Sehnsucht wachsen,
damit die Träume Früchte der
Liebe tragen!

Das Wesentliche

Verlass Dich
in der Liebe
auf Dein Gefühl,
niemals auf Deinen Verstand.
Dieser zerstört –
weil er das Wesentliche
einer tiefen Liebe
nicht erfasst.

Meine Träume

Ich habe sie nie gerufen
noch ersehnt,
sie besuchen mich ohne Anmeldung,
zeigen mir Bilder von gestern,
heute und morgen.
Sie belasten mehr, als dass sie
Antworten geben,
hinterlassen Spuren jenseits der Wege.
Ich muss sie annehmen,
ohne zu fragen,
woher und wohin.
Ich suche nur die Träume
der ewigen Liebe.
Wer schenkt mir diese Gnade?
am liebsten Du!

Morgensonne

Die Nacht verdunkelt meine Sehnsucht,
die Träume übernehmen meine Wünsche,
meine Hoffnungen,
es bleibt nur Leere.
Keine Nähe,
keine Berührung – mir ist kalt.
Doch das erste Licht lässt
mich erwachen für einen
neuen Tag der Sehnsucht
– nach Dir!

Deine Liebe

Aus dem Anspruch geboren,
geliebt zu werden,
aus Deinen Gedanken erwünscht,
aus Deiner Seele ersehnt,
aus dem Herzen gefühlt
für das Geben und Nehmen,
dies ist Deine Liebe.

Deine Augen

Zärtliche Seelenblüten,
schimmernde Edelsteine:
Alles, was die Liebe heiligt,
liegt in Deinen Augen.
Trage diesen Schmuck
an dunklen
wie an hellen Tagen.
Deine Augen
sind die schönsten Diamanten.

Sehnsucht

Tiefe Sehnsucht zu spüren:
die Schmerzen der Trennung,
die Freuden des Wiedersehens,
das ist wie zu sterben
und neu geboren zu werden,
immer wieder.
Es ist die Sehnsucht nach der ewigen Liebe.

Begegnungen

Nur Dir,
geliebtes Weib,
bin ich in der Tiefe der Seele
begegnet.
Mit dem Rest der Menschen
habe ich nur die Wege gekreuzt.

Zeit der Liebe

Endlich begegnet mir wieder der
süße Duft Deiner Nähe,
alle Sinne laben sich an
meiner Liebe zu Dir.
Die Seele wandert entlang
der Rosenbeete ins Paradies
zum inneren Frieden.
Es ist unsere Zeit!

Alle Schönheiten

Wir können alle Schönheiten dieser Welt sehen,
nur nicht das Wertvollste in unserem Leben:
die Liebe.
Wir können sie nicht sehen,
aber mit der Seele fühlen.

Zeichen der Liebe

Blicke sind ihre Sprache,
Zärtlichkeiten ihr Zuhause,
Küsse ihre Bestätigung,
die Sinnlichkeit ist ein Dankeschön
an die Seele,
die Ekstase eine Sternschnuppe
der Gefühle
und das Wissen um,
der Glaube an die Liebe –
ein Zeichen für Deine Ewigkeit.

Liebe lebt!

Im großen Meer der Liebe
kannst Du nur schwimmen,
wenn Du bereit bist,
Deine Ängste und Zweifel abzulegen.
Denk niemals ans Ertrinken,
die Liebe wird immer überleben!

Bei Dir

Es regnet,
die Straßen glänzen,
das Tempolimit bremst mich aus,
die Zeit läuft davon.
meine Gedanken sind
bei der Sonne meines Herzens,
meine Seele entschwebt auf den Gipfeln
Deiner Liebe.
Ich bin bei Dir.

In des Schöpfers Hand

Ich schenke Dir jeden Tag meine Liebe,
jede Nacht meine Sehnsucht.
Du bist die Liebe meines Lebens,
Du schenkst mir Hoffnung auf das ewige Dasein
im Schatten Deiner Liebe.

Gemeinsamkeit

Wie der Regen die Trockenheit sucht,
den Durst alles Lebendigen stillt,
so ist meine Sehnsucht auf dem Weg zu Dir:
heute
morgen
immer.
Sie ist ohne Ziel und ohne Erwartung,
sie sucht den gemeinsamen Weg
durch das Leben
und findet das Glück unserer Liebe.

Manchmal

Manchmal werde ich ganz traurig,
manchmal schmerzt mein Herz,
manchmal fühle ich mich verlassen,
manchmal bin ich schwach.
Nur Deine Liebe lässt mich erkennen:
Durch unsere Zweisamkeit
ist das Dasein in seiner Unvollkommenheit lebenswert.

Wie eine Rose

Stell Dir Deine Seele als Rose vor,
die von der Liebe erschaffen wurde und
deshalb einzig und allein durch die Liebe
zu blühen vermag.

MITEINANDER

Ich schenke Dir mein Schloss
über dem Meer der Träume.
Komm zu mir, ich zeig Dir
das Tor zum Paradies.
Die bunten Blumen mit ihren Düften,
den glücklichen Momenten gleich,
werden Dein Herz erfreuen,
Deine Seele wird ihr schönstes Lied
für uns erklingen lassen:
Es ist Zeit für ein Miteinander voller Liebe.

In alle Ewigkeit

Ich passe zu Deinen Träumen
wie die Sonne zum Tag.
Doch im Leben wird das Dunkel der Nacht
mich stets begleiten. Es bleibt
das Licht der Liebe.
Es erhellt die Räume meiner Seele
in alle Ewigkeit.

WEGWEISER

Deine Nähe zu spüren.
Deinen Duft einzuatmen.
Deinen Kuss zu schmecken.
Ich berühre
eine Welt voller Liebe und Sinnlichkeit.
Sie weist uns
im Nebel des Morgens den Weg
zum ewigen Frieden.
Stein des Lebens
Ein Stein im Wasserfall
wird durch die Naturgewalt
zum glatten, runden Kiesel.
Das Wasser verliert seine Kraft
und umspült ewig sanft
den Stein des Lebens.

ICH VERZICHTE

Ich verzichte auf das tägliche Erwachen neben Dir,
auf Deine Wärme, Deinen Duft, Deinen Körper,
auf Deine Haut, Deinen Atem, Dein Lächeln
und Deine Worte.
Es bleibt
die Liebe,
und auf die verzichte ich nicht.
Denn die Liebe ist göttlich und
Gott gibt ihr täglich Nahrung.

Leere Träume

Ein schmerzliches Gefühl:
den Becher der Liebe zu leeren,
obgleich der Inhalt jemandem den Durst löschte.
Wenn die Sehnsucht ins Leere läuft
und die Hoffnung sich aufgibt,
sich die Liebe verliert,
bleiben Dir nur leere Träume.

Begegnungen

Nur Dir, geliebtes Weib,
bin ich in der Tiefe der Seele begegnet.
Mit dem Rest der Menschen habe ich
nur die Wege gekreuzt.

Suchen

In der Stille des Abends
suchen meine Gedanken
Deine Schönheit, Deine Laute,
Dein Lächeln.
Ich finde Dich und
trage Dich in meine Träume
voller Liebe.

Dein Zuhause

Das Leuchten aller Sterne des Himmels
bedeutet mir weniger als der Glanz Deiner Augen.
Deine Iris ist das Tor zu Deiner Seele,
dem Zuhause Deiner Liebe.
Lass mich zu Dir herein!

Mein Zuhause

Das wahre Zuhause ist
das Haus meiner Seele.
Ich trage es
in meinem Herzen –
nur für Dich.

Nie vergessen

Du
bist die schönste Blume im Garten des Lebens:
Mit Deinem Duft,
Deinem Leuchten,
Deiner Liebe
erhellst Du unsere Seelen – für immer.

Sterbende Liebe

Wie ist diese Zeit doch schwer zu ertragen:
Kein Sonnenstrahl erwärmt meine Haut,
kein Lachen berührt meine Seele,
keine Hand meinen Arm.
Das Leben ist kalt und erbarmungslos,
selbst die Sterne verlieren ihren Glanz.
Und das alles, seit ich weiß, dass
unsere Liebe stirbt, wenn nur noch ein Herz für sie schlägt,
das jetzt traurig zurückbleibt.
Ich werde unsere Liebe nicht wiederfinden.
Aber ich werde sie suchen,
jeden Tag.

Spüren

Ich spüre die Schwingungen Deiner Herzenswärme.
Sie streicheln meine Seele und
geben mir Kraft, unsere Liebe
im Schatten der Vergangenheit
zu leben.

Traumgarten

In der Tiefe meiner Seele liegt
der Garten meiner Liebe.
Hier gedeihen Achtsamkeit, Lebensfreude
und Sehnsüchte –
das Paradies meiner Träume.
Es ist Deine Liebe,
die mich trägt: aus den Träumen
in die Wirklichkeit
der fühlenden, berührenden Liebe.

Vom Abend zum Morgen

Die Kerze ist erloschen,
die Nacht strömt durchs offene Fenster herein,
sie lässt mich ein Freund meiner Träume sein.
Ich spüre Deine Liebe in der Dunkelheit,
die Sterne begleiten uns auf dem Weg
in einen neuen Tag voller Achtsamkeit.
Ich lebe und liebe für Dich.

Liebe leben!

Ich trage Deine Seele,
ich liebe Dein Herz,
Ich berühre Dich:
Wir leben Liebe!

Unsere Amaryllis

Welch weiße Vollkommenheit,
welch universale Harmonien
von Farbe und Form,
welch zauberhafter Duft!
Deine Blüte ist unsere Amaryllis:
zart und sensibel, lebendig und schön
lässt sie das Lied der berührenden Liebe erklingen.
Sie öffnet das Tor zum Glücksrausch,
zur Liebe,
zu unseren Seelen.

Die Liebe

Die Liebe
schenkt uns wenige Sekunden,
in denen wir unsere Seelen erkennen.

Im Schatten der Liebe

Nicht sichtbar,
aber spürbar,
nicht neben Dir,
aber in Dir,
nicht in der Sonne,
nicht in der Kälte,
sondern im schützenden Schatten
Deiner wärmenden Liebe
erlebe ich eine Erfüllung jenseits der Begierde.
Und doch sucht die Begehrlichkeit immer die
Grenzen des Schattens …

Dein Lächeln

Dein Lächeln
im Spiegel Deiner Augen
ist ein Leuchten Deiner Seele.

Liebestraum

Er kommt des Nachts auf sanften Wellen,
er schenkt mir Illusionen von Nähe und Geborgenheit,
er lässt mich schweben im Nebel verschleierter Konturen,
doch in der Kälte des Morgens verlässt er mich wieder.
Mein Geist stellt sich jetzt der realen Welt.
Wo ist mein Traum?
Er ist Vergangenheit!

Aufwachen

Ich wache auf,
Du liegst neben mir –
noch schläfst Du.
Ich trinke Deinen Atem und
genieße Deinen Duft,
ich berühre Dich und
spüre Deine Seele.

Das Lied der Liebe

Traurig, mein Blick:
Er sucht im Schmerz der brennenden Sehnsucht
das Glück der erfüllten Liebe.
Nur ganz tief innen im Herzen,
unsichtbar von außen,
leuchtet das Licht der ewigen Hoffnung,
verlorene Träume zu leben.
In der Ferne singt die Nachtigall
die ergreifende Melodie von der Suche nach Liebe:
Es ist das Lied der Engel,
und Du kennst den Text.

Meine Liebe

Unter dem Himmel ein Schatten,
im Herzen eine blühende Rose
und in der Seele die
Vollkommenheit der Liebe.

Für Dich

Für DICH lebe ich,
für DICH fühle ich,
für DICH sterbe ich,
für DICH warte ich.

Bleib bei mir!

Ich liebe Deinen zärtlichen Mund,
Deinen wohlgeformten Körper,
den Duft Deiner Lotusblüte,
und ich berühre Deine Pforte.
Durch das Tor Deiner Seele
erreicht mich der Ruf:
»Bleib bei mir!«

Quell des Lebens

Fülle Deine Jahre
mit mehr Liebe,
dann schenkst Du Deinem Leben
mehr Jahre!

DAS TOR DER SEHNSUCHT

Ich stehe vor dem Tor
der berührenden Liebe.
Es ist verschlossen.
der Schlüssel wurde mir genommen.
Es bleibt
die fühlende Liebe,
die ewige Sehnsucht nach Deiner liebenden Nähe,
es bleibt
die Hoffnung auf ein Morgen,
an dem sich alle Türen öffnen.

TIEF IN MIR

Tief in mir
fühlt meine Seele Deine Liebe.
Tief in mir
sucht meine Sehnsucht Deine Nähe.
Tief in mir
schlägt mein Herz nur
für Dich.

ICH WILL …

Ich will Dich
glücklich machen
und wie ein Gärtner des Universums
Deine Seele zum Blühen bringen.

Guten Morgen!

Guten Morgen, meine geliebte Sonne,
die Du mir das Herz wärmst.
Das Meer Deines Lebens
schickt mir die Brandung der Liebe,
es trägt mich auf Wellen emotionalen Vertrauens.
Und ich schenke Dir die Sicherheit
einer tief erlebten Liebe.

Ein Tropfen Liebe

Ein Tropfen Liebe
ist mehr als
ein Meer voller Sympathien.

Du bist

Du bist die Sonne,
die nie untergeht,
Du bist der Mond,
der uns nie verlässt,
Du bist der leuchtende Stern,
der das Herz erhellt,
Du bist ein schöner Tag,
der meine Seele umarmt,
Du schenkst mir Hoffnung, der Liebe zu begegnen.
Denn die Summe unseres Lebens
sind die Stunden, in denen
wir Liebe erfahren.

MONDLICHT

Du zeigst mir in der Nacht
Dunkelheit, Kälte und Leere.
Es bleibt nur das Leuchten der Sterne,
die mir sagen: Am Morgen trägt der erste Sonnenstrahl
Deine Liebe in mein Herz.
Ich atme Deinen Duft und liebkose Deinen Mund –
bald ist es so weit!

NACH LIEBE …

Am Himmel die Sonne,
unter dem Dach der Schatten,
im Herzen die blühende Rose,
im Leben die Dornen der
ewigen Sehnsucht nach Liebe.

NIMM WAHR!

Schließe Deine Augen, um klar zu sehen.
Nimm Abstand und atme das Leben tief ein.
Nimm wahr: Deine Ohnmacht vor der Ewigkeit.
Nimm wahr: Deine Seele im endlosen Dasein.
Halt inne und schenke Dein Leben der Liebe!

Das schönste Geschenk

Deine Liebe ist das Kleid meiner Seele,
Dein Lächeln ist der Honig meines Herzens,
Dein Kuss ist der Anker meiner Sehnsucht,
Dein Leben ist Dein schönstes Geschenk
an alle, die Dich lieben.

Tischzeit der Liebe

Ich trinke Deinen Atem,
koste Deine Lebenssäfte,
küsse Deiner Rose goldene Mitte.
Ich schwelge in Deinem himmlischen Duft und
spüre lebendige, berührende Liebe.

Eine grosse Liebe

Leuchtende Diamanten sind Deine Augen,
wie zarte Federn berühren mich Deine Blicke,
in Deinem Lächeln erklingt das Liebeslied der Sehnsucht,
und Deine Worte: wie Melodien einer lauen Sommernacht.
Du bist gekleidet in Samt und Seide,
dem Mantel Deiner göttlichen Seele.
Das bist Du, eine große Liebe!

DAS WOLLEN

Für Dich zu leben
heißt Dich zu lieben,
und das ist
das Wollen meiner Seele.

DEIN HERZ

Frag mein Herz:
Es liebt nur Dich.
Frag mein Herz:
Es schlägt nur für Dich.
Frag mein Herz:
Es trägt nur die Sehnsucht nach Dir.
Frag mein Herz:
Es ruht an Deiner Seele,
Es ist auch Dein Herz.

ICH FRIERE!

Der Wind streicht über die Dünen,
im Abendlicht funkelt der Sand,
alle Blüten trinken die Wärme der Sonne
gegen die Kälte der Nacht.
Wo ist meine Wärme?
Ich friere!

DAS WILL ICH NICHT!

Du sagst mir: Ich liebe dich,
so wie ich Dich!
Du sagst mir: Ich brauche dich,
so wie ich Dich!
Darum gebe ich auf mich acht.
Selbst den Regentropfen fürchte ich,
er könnte mich ertränken
und das will ich nicht!

LIEBE UND …

Liebe und Vorteile sind hässlich Bekannte,
Liebe und Dankbarkeit sind liebevolle Geschwister,
Liebe und Sehnsucht? Ein Bund für die Ewigkeit.

TRÄNEN

Ich habe Tränen geweint, um den Schmerz fortzuspülen.
Doch Deine Augen sind trocken vom Sand und vom Salz des
    Lebens.
Eine Wüste liegt vor Dir.
Nimm meine Tränen und gieße Dein Herz,
damit die Blume der Liebe wieder in Dir wächst.

LEERES LEBEN

Da wäre einfach nur Leere,
wenn es Dich nicht gäbe.
Weniger Leid, weniger Ängste
vor dem Sich-trennen-Müssen,
nicht diese machtvolle Sehnsucht,
die das Herz schwer atmen lässt.
Aber auch wenig fühlbare Liebe,
keine Geborgenheit, keine Wärme,
kein Berühren und keine Lippen,
die einen zum Küssen verführen.
Ohne Dich
wäre das Leben einfach nur leer.

AM ABEND

Der Abend kehrt ein, Du fehlst mir.
Ich sammle Deine Schatten, es wird kalt,
die Dunkelheit erobert das Land.
Wo ist Deine wärmende Hand, die mir Halt gibt?
Wo ist Dein Lächeln, das meine Seele streichelt?
Wo schlägt Dein Herz, das mir den Takt des Lebens schenkt?
Wo ist Deine zarte Haut, die mich berührt?
Wo sind Deine Küsse, die mir flüstern:
»Ich liebe Dich«?

Neben Dir

Es begleitet uns leise durch unseren Schlaf
das Wissen:
Die Liebe liegt neben mir.
Dein Atem trägt mich heimwärts
durch verzauberte Märchen.
Der Traum der Liebe begegnet uns beiden.

Im Stillen

Es wird immer Gefühle geben,
von denen ich nie und nimmer reden kann.
Und doch wünschte ich mir, dass Du sie
schweigend verstündest,
ohne daran zu rühren oder gar zu zweifeln.
Im Stillen zu lieben
erfordert wahrhaft
den größten Lebensmut.

Verschenktes Leben

Deine Liebe –
so fern, so nah,
so greifbar, so vergraben,
so still, so eng verbunden
mit unseren Herzen ist des Lebens schönste Freude!
Im Himmel Deiner Gefühle,
auf dem Kissen Deiner Seele
liegt eine Liebe, für die man
sein Leben verschenken könnte!

Mit Dir

Regen fiel vom Himmel und berührte meine Haut,
NICHT DU.
Wind strich um die Ecke und fuhr mir durchs Haar,
NICHT DU.
Die Rosen schicken ihren sinnlichten Duft, um mich zu
    verführen,
NICHT DU.
Mir bleiben nur die Wachträume der Liebe –
mit DIR.

Lichter Moment

Ich höre die Steine weinen,
ich sehe die Pflanzen trauern,
nur am Himmel, durch die graue Wolkendecke,
schickt Dir Dein Engel einen Sonnengruß:
Ich liebe Dich!

Weil Du …

Weil Du die Tage formen kannst,
weil Deine Nächte unseren Träumen gehören,
weil Du lachen kannst,
weil Du schweigen kannst,
weil Du Deiner Seele Raum geben kannst,
weil Dir unsere Augenblicke mehr bedeuten
als aller Reichtum –
darum liebe ich Dich.

Nachtgedanken

Ich wandle durch die Steppenfelder der Nacht,
meine Augen suchen die Sterne der Lebensfreude.
Mein Atem wird schwer,
mein Körper hat vergessen, was Sehnsucht bedeutet.
Nur mein Herz schlägt für die Liebe meines Lebens,
es verrichtet im Takt sein Werk, immer wieder,
und es klopft dabei nur diesen einzigen Satz:
Ich liebe Dich.

Für die Seele leben

Aus der Traufe kommend,
in den mit Sonne gefüllten Raum,
immer auf der Suche nach der verlorenen Zeit,
immer auf der Suche nach der Wahrheit der Liebe,
für meine Seele und
für alle Zeit.

Gesucht, gefunden

Tiefes Empfinden – großes Leid,
endlose Hoffnung – ferne Freude,
liebende Worte
suchen Dich,
ich finde sie.

No Sex

Wenn wir uns in tiefer Liebe berühren, kommen alte
Verletzungen an die Oberfläche und lösen sich auf.
Beim Sex behalten wir Sie.

Still

Still
höre ich Deinen Atem.
Still
fühle ich Deine Liebe.
Still
berühre ich Deine Haut.
Still
höre ich die Laute Deiner Ekstase.
Still
will ich in Deiner Liebe leben.

Rosengarten

Auch aus den Tränen des Schmerzes
kann man den Durst der Rosen stillen.

BIS MORGEN

Schlaf gut für mich – bis morgen,
schlaf gut für Dich – bis morgen,
wir wollen uns berühren und liebkosen – bis morgen,
einfach nur davon träumen – bis morgen.

ZWEI FALKEN

Meine Füße sind wie zwei Falken,
sie nehmen Platz ein und
verlassen den Ort ihres Verweilens.
Sie suchen jede Nacht ein warmes Nest
und finden sich doch nur vor der Tür im Regen.

STILLER DANK

Ich danke Dir in jeder stillen Stunde
für Dein Ich und für Dein Du.
Ist auch Dein Mund verschwiegen,
so spricht Dein Herz »Ich liebe dich!«
Ganz ohne Worte und im Stillen
dankt es in mir.

Hoffnung

Hinter dem Glas – Deine Kontur,
hinter dem Vorhang – Dein Ich
und an der Nadel – Dein Leben.
Im Geist die Hoffnung und
im Herzen Deine Liebe.
Unsere Seelen werden sich wiederbegegnen,
früher oder später.

Ohne Ende

Weit möcht ich reisen mit Dir an das Meer.
Die Endlosigkeit einatmen,
tagsüber die Wolken zählen
und bei Nacht die Sterne sehen.
Wir wären in Eintracht ineinander versunken,
wir würden uns spüren –
ohne Anfang und Ende.

Schliess die Augen

Nach allem Warten und allem Sehnen
schenke ich Dir ein Stück Ewigkeit.
Wir wollen
uns sanft berühren, der Liebe vertrauen,
uns im Augenblick verlieren –
wenngleich nur für einen Moment.
Schließ die Augen …

WIRKLICHKEITEN

Wir nehmen Abschied,
in unseren Herzen glitzert noch golden das Wort der Liebe.
Unsere Wirklichkeit ist in den Träumen zu Hause,
die Sehnsucht wird zum Paradies.
Wenn sich Deine Lippen öffnen,
opfere ich meine Seele.

DER LIEBE GRÖSSTE BEDROHUNG

Der Liebe größte Bedrohung
ist nicht der Tod.
Es ist die verlorene Sehnsucht.

GANZ FÜR DICH

Ganz leise küsse ich Dich,
ganz sanft berühre ich Dich,
ganz zärtlich liebkose ich Deine Mitte,
ganz bin ich in Deiner Nähe,
ganz fühle ich Deine Liebe,
ganz sind wir eine Seele.

SEELENKUSS

Hundert flüchtige Küsse werden vergessen.
Nur der eine Kuss, der die Seele berührt,
wird zu einem Diamanten des Herzens.

Eine Nacht

Blauer Himmel,
tote Träume,
naher Abgrund,
warme Sonne,
kalte Nacht,
feuchte Haut,
Lippen ohne Mund.
Es bleibt die Sehnsucht nach Liebe,
und die lässt ewig bitten.

Liebestrank

Ich schmecke das Salz Deiner Tränen,
ich küsse Deinen Mund und spüre Deine Lebendigkeit,
ich wünsche mir Geborgenheit und sauge an Deinem Busen,
ich berühre Deinen Nabel und finde Deine Seele,
ich trinke aus Deinem Schoß die Vergangenheit und
sehe die Zukunft unserer Liebe!

Berührung

heißt Wärme zu spüren,
Duft nach Haut einzuatmen,
sie zärtlich und achtsam zu streicheln.
Berührung heißt,
das göttliche Sein mit den Sinnen zu ehren.

Meine Liebe

Sie ist Dein Tempel,
aus dem der Nektar der Götter fließt.
Ich bete Deinen Altar der weißen und der roten Rosen an,
berühre achtsam Deinen Schrein und fühle im Herzen
die Liebe meines Lebens.

Die Liebe aus der Stille

Sie ist nicht sichtbar,
sie kommt aus dem Gestern,
sie lebt im Heute für das Morgen.
Sie ist leise im Ton,
behutsam im Ausdruck,
aber unendlich stark.

Liebe Dich

Küsse Deine Hände,
berühre Deinen Busen
und fühle die Wärme der Geborgenheit.
Lege Deine Hand auf Deine Emotionen
und spüre Deinen Atem.
Lege Deine Hand auf Dein Paradies,
berühre Deine Orchidee in Sinnlichkeit.
Lebe für Dich, liebe Dich.

SUCHENDE HOFFNUNG

Der sprudelnde Fluss
mit seinen schäumenden Kronen
verdeckt die glitzernden Steine.
Die Schönheit, die Farben
am Boden des Flusses sind
unseren Blicken entzogen,
nur ein kurzes Blinken
lässt sie erahnen.
Der Wasserstrom schwindet,
und endlich können wir
das Mosaik der Steine sehen,
ja, zählen und sammeln.
Doch nun vertrocknet das Land,
wir haben Hunger und Durst.
Jetzt bauen wir neue Brunnen.

Luft

Von hier und dort

Ich bin hier, dort ist das Herz,
es will nicht fort.
Die Füße tragen den Verstand von hier nach dort,
es bleiben nur die Pausen
von hier und dort.

Unsere Sekunden

Es sind nur Sekunden, in denen wir das Universum spüren,
es sind nur wenige göttliche Augenblicke, in denen unsere
    Chemie explodiert,
es ist lebendiges Verlangen und egoistische Erfüllung.
Doch nur im Licht der Liebe werden diese Sekunden
zu Momenten des fühlbaren Glücks.
Und genau dann erkennen wir unseren Sinn:
der Seele zu dienen.

Was für …

Was für ein Tag!
Du lebst und Deine Gedanken kreisen
um unsere Liebe.
Du fühlst Dich geliebt,
die Götter sind bei Dir.
Was für eine Nacht!
Du fehlst mir und die
Götter gehen schlafen.

Atemspiele

Es flutet der Atem in Deinen Körper,
er lässt Dich das Leben spüren und verliebt Dir das Herz.
Ich küsse Deinen Atem und schmecke das Glück
zwischen zwei Lippen.

Ich liebe

Ich liebe Deine göttliche Seele,
Dein warmes Herz,
Deinen zärtlichen Mund,
Deine duftende Rose,
Deine grazilen Füße – einfach alles!
Ich liebe Deine Liebe und
die Götter spiegeln sich darin.

Göttliche Blume

Deine Schönheit, einer Rose gleich,
sie strahlt wie ein goldener Stern.
Ihre Pracht ziert das Tor zum Paradies,
ihr Duft lässt die Engel der Träume tanzen,
ihre Krone führt in ein Zauberland
mit tausend Gefühlen der Liebe,
Mich erreicht eine göttliche Melodie:
Es ist Dein liebendes Ich.

Goldregen

Das Erleben
Deines Ichs,
Deiner Lust,
Deines Vibrierens,
Deiner Laute,
Deines Loslassens,
Deines Genusses,
Deiner Entspannung,
Deiner Dankbarkeit –
in diesen Momenten regnet es Glück!

Nur einmal

Küssen
Berühren
Liebkosen
Genießen
Loslassen
Gehen
Wiederkommen

Oder zweimal

Berühren

Eine Berührung kann den Körper heilen,
die Lebensfreude wecken.
Breite Deine Arme aus und spüre,
wie sich Dein Herz öffnet und die Liebe
Dich langsam erfüllt.

Der Moment

Wo ist der Moment versteckt?
In den Wolken der Träume?
In den Tälern der Realität?
Oder ist er nur Fantasie?
Sollte er leben, nur für einen Augenblick,
er wäre das Leben wert.
Es ist der Moment, in dem wir das Glück spüren.

Ein glücklicher Tag

Ich küsse Deine Brüste,
ein zärtliches Berühren Deiner Haut,
ein sanftes Liebkosen Deines Schoßes,
ein Träumen und Wohlfühlen,
die Stunden in Liebe annehmen –
ein wahrhaft glücklicher Tag!

Dazwischen

Verlust und Verzicht sind der Preis,
den man für ein angepasstes, ruhiges Leben
zu zahlen bereit sein muss
oder zahlen will.
Alles andere ist Abenteuer mit allen Unsicherheiten des Lebens –
und dazwischen liebe und lebe ich.

Ein schöner Tag

Das Wort, der Blick, die Tat –
ändern heißt neue Wirklichkeit schaffen.
Lass los die Angst vor morgen,
halt fest den guten Glauben:
Es wird ein schöner Tag!

Schwere Liebe

Der erste Tag ist einfach,
der zweite Tag ist schwerer,
der dritte Tag noch schwerer
als der zweite Tag.
So schwer,
dass mein Herz vor Schwere
um Atem ringt und meine Seele
Deine schwerelose Liebe vermisst.
Ich sehne mich nach den leichten Tagen zurück.

Rosenzeit

Du bist alles Gold dieser Welt,
ich bin nur die Truhe, Du aber der Inhalt.
Aus Deinen Händen will ich süße Träume küssen.
Meine Blicke berühren und streicheln Dich.
Mein Herz holt sich von Deinem Mund die schönsten Blüten.
Es ist Rosenzeit!

Deine Nähe

In der Tiefe meiner Gefühle
findet sich Dein liebendes Herz.
Es schlägt für die Reinheit der Emotionen,
es ist verletzlich und doch stark gegenüber dem Leben.
In der Höhe der göttlichen Seelen erkenne ich Dein Licht,
es leuchtet in dieses Leben und weist mit seinen hellen
    Strahlen
den Weg ins Paradies.
In Deiner Nähe wird Liebe fühlbar und spendet mir Energie,
den Weg der Hoffnung zum ewigen Leben zu gehen.

Der Tag

Er stolpert in das Ende der Nacht,
er verdrängt das Dunkel, zeigt sich erst grau,
dann golden und hell in den Strahlen der Sonne.
Er entreißt mir die Träume,
die guten und schlechten,
und schenkt mir dafür wache Stunden voll Lebensfreude.

DIE SEHNSUCHT

Sie beflügelt unsere Gedanken,
sie lässt uns wünschen, hoffen und leiden,
sie kommt und geht, der Sonne gleich,
und doch erfüllt sie unser Herz –
ein Leben lang.

HEIMKEHREN

Wir taumeln in lauen Nächten von Nähe zu Nähe,
wir finden uns im Fallen und Steigen unserer Gefühle,
wir treiben im Meer der Sinnlichkeit.
Und für einen kurzen Moment
steigt unsere Seele aus den Tiefen der Unvollkommenheit
in den Himmel der geistigen Liebe hinauf,
verweilt dort und kehrt wieder heim …
in das Glücksgefühl des Lebens.

AUF DER SUCHE MIT MIR

Liebe das ewige Suchen
Nach dem idealen Du,
ohne das Ich zu verlieren!

Jeden Tag Liebe leben

Ein neuer Tag, eine neue Gelegenheit,
Liebe erkennbar und begreifbar zu machen,
zu achten und zu ehren,
die Empfindungen des anderen achtsam anzunehmen,
die göttliche Liebe als höchste Stufe unseres Daseins
anzuerkennen und ihre Priorität niemals in Frage zu stellen.
Dies ist Auftrag und Zweck unseres Lebens.

Frau zu sein

Dein Himmel weint Tränen
im roten Kleid,
er löst sich mit Schmerzen
vom Mantel des Gestern
und gibt Dich frei
für das Morgen.
Körper und Seele suchen neuen Raum
Für die Balance der Harmonien.
Es ist ein Stück göttlicher
Natur, Frau zu sein.

DIE ZEIT VERSTREICHT

zu langsam für die Wartenden,
zu schnell für die, die sich ängstigen;
sie währt zu lang für die Trauer
und zu kurz für das Glück.
Doch wenn zwei Liebende sich berühren,
dann steht sie still
und gehört ganz ihnen.

TRAUMDEUTUNG

Die Sonne ist auf das Dach des Lebens gestiegen
und wärmt die Gedanken an die Liebe.
die Unvollkommenheit schläft und träumt von der
unwirklichen Wirklichkeit:
Die Vögel bekommen vier Beine,
das Pferd zwei Flügel und
die Liebe drei Gesichter – das eigene, das gemeinsame
und das gewünschte.

WER WEISS!

Wer weiß,
was Dir heute begegnet?
Vielleicht
Bilder von gestern, von heute
oder von der Hoffnung.
Wer weiß,
was Dich am Ende eines Weges erwartet?
Vielleicht
ein Hinweis in eine neue Richtung.
Wer weiß,
was Dir die Liebe zuflüstert?
Vielleicht
»Du bist mein Leben»!
Ich weiß
nur eins:
Meine Liebe lebt nur für Dich!

OHNE INHALT

Auf der Suche nach Liebe entdeckte ich Dein Lächeln:
Es erzählte von fühlender, berührender Nähe,
von Lust, von Freude und von Hoffnung – nur die Achtsamkeit
und der Respekt, die fehlten. Da wurde mein Herz traurig
und hüllte sich in Träume.

Un-end-gültig

Kein Ende ist unüberwindbar,
Kein Nein ein Nein auf immer,
denn sein Zwilling, das Ja, braucht
die Balance zwischen Geben und Nehmen.

Tagesgeschenke

Ein neuer Tag
wird uns geschenkt,
liebevolle Begegnungen
bereichern unsere Stunden,
füllen sie mit Leben.
Unsere Gefühle ruhen nicht:
Wir suchen das Ufer,
dann wieder den Horizont, es ist wie
Ebbe und Flut, ein
Kommen und Gehen
im Haus der Liebe,
unserer Liebe!

Lass Dich verführen!

Das wunderschöne Leben
wird Dich verführen:
Die Wolken ziehen,
die Winde rauschen,
der Regen nährt den Boden,
die Liebe stärkt das Herz,
und die Lebensfreude weckt die Seele.
Es ist Sommer, lass Dich verführen –
etwas Schöneres wird es nicht geben!

Dein Kuss

Ein Gedanke, eine Berührung –
Du hast meine Seele wachgeküsst!
Mein Herz rast vor Freude
ins Land des Glücks.

Komm!

Meine Träume
tragen Dein Antlitz,
duften nach Dir,
sprechen Deine Sprache.
Die Süße, die Zärtlichkeit,
alles bist Du.
Komm in den Tag,
ich warte auf Dich.

Deine Zeit der Liebe

Dein Lächeln will sagen: »Liebe das Leben!«
Inmitten des Tages, die Umarmung, die achtsame
Berührung, nicht morgen, sondern im Jetzt.
Die Zeit kennt nur Gestern und Heute –
dazwischen
ist die Liebe zu Hause,
nimm sie in Deine Arme!

Atemwege

Dein Atem ist voller DU:
Er ist Energie,
er ist Hingabe,
er ist lebendiges Dasein.
Er lässt Dich Worte der Liebe sprechen
und lädt dazu ein, Deine Lippen zu berühren.
Das Universum wird fühlbar, die Liebe begreifbar.

Das Lied der Liebe

Es sind nicht nur die hohen Töne.
Es sind die Harmonien, die Ouvertüre,
es ist das Finale und dazwischen
das Gesamtwerk
aus Liebe und Sinnlichkeit –
das bist Du!

Dein Augenlicht

Der Glanz Deiner Augen
spiegelt das Lächeln Deiner Seele.
Du öffnest mir das Tor zu Deinem Herzen,
und ich lässt mich Dein Inneres liebkosen.
Du bist das Licht, das mich in
den Himmel trägt.

Dein Frühling

Das zarte Sprießen
Deiner Knospen,
das Leuchten Deiner Blüte
im reinweißen Kleid,
Deine kräftigen Kronblätter
schützen den Kelch Deiner Seele.
Formen, Farben und Düfte
erfüllen die Sinne:
Es ist Frühling der Herzen.

Unterwegs zu Dir

Ich spüre Deine Liebe
wie die Wärme der Sonne
auf meiner Haut.
Ich spüre Deinen Atem,
Deinen Duft.
Mit allen Sinnen
will ich Dich berühren,
will ich Dir begegnen,
leicht und beschwingt:
beim Sommertanz
von Herz und Seele.

Der schönste Grund

Ich werde sterben,
wie Du und alle anderen.
Aber
ich durfte Deine Liebe leben:
der schönste Grund,
gelebt zu haben und
das Sterben anzunehmen –
in der Gewissheit:
Ich wurde und habe geliebt.

DIE KRAFT DER LIEBE

Du, zauberhafte Nacht
der zärtlichen Nähe,
in der die Liebe alles Böse
tilgt und nur im Licht ihrer
selbst agiert,
Du lässt uns Liebe spüren
und weckst damit Lebenslust,
die uns Kraft gibt – das Leben
zu tragen und die glücklichen
Momente als Geschenke
des Himmels zu erkennen.

FREI SEIN

Frei sollst Du meine Liebe spüren,
frei möchte ich Dir entgegentreten,
um Dir zu sagen »Ich liebe Dich!«
Frei sollst Du diese Liebe gestalten,
sie wird niemals wieder so frei sein!

Wieder Kind sein

Die Liebe ist ein Kind,
es wächst und erkundet das Leben,
das Glück, die Liebe,
das Leid und die Trauer.
Am Ende stehst nur Du:
in meinen Gedanken und meinen Wünschen.
Lass mich nicht allein.
Ich muss bald gehen,
aber ich warte auf Dich,
um wieder Kind zu sein.

Am Horizont

Ich schaue durch das Fenster meines Lebens
und erblicke am Horizont Deine Liebe.
Ich erkenne Dich als liebende Frau
voll positiver Energien, getragen von
einem schönen, duftenden Körper.
Du bist Anfang und Ende meiner Liebe.

Zeit der Liebe

Meine Träume von der Liebe
trägt der sanfte Wind
in Deine Seele.
Aus Nähe wird Umarmung
im Gleichklang der Gefühle;
es ist Zeit, Liebe zu spüren.
Die Unendlichkeit erfasst unsere Sinne,
wo ist der Anfang, wo das Ende?

Der Morgen

Der Morgen bringt mir
die Liebe zurück,
der Morgen bringt mir
das Licht zurück,
der Morgen küsst meine Seele,
weckt damit auch meine Liebe neu.

Bis zum Morgen

Ich gehe –
und weiß nicht, wohin
mit der Liebe
meines Herzens.
Ich muss mich
verstecken,
meine Liebe
muss ruhen,
ohne müde zu sein.
Sie muss allein bleiben,
sie muss warten,
bis die Sonne am
Morgen erwacht.

Weisse Rose

Deine Seele
im weißen Kleid der Rose.
Sie ist die Blüte
der reinen Energie
zwischen Himmel und Erde,
die Blume aller Blumen,
den Priesterinnen der Liebe geweiht.

DIE LIEBE ERWACHT!

Wenn die Sonne die Schatten der Nacht besiegt,
erblüht die Blume der Sehnsucht nach Deiner Liebe.
Glückliche Momente begleiten meine Wege,
das Leben im Rhythmus von Festhalten und Loslassen
wird zur ewigen Herausforderung, die Liebe zu ehren.

DAS WARTEN

Es ist die Sehnsucht nach der Antwort:
Alles ist gut;
es ist der Wunsch zu spüren:
Man denkt an mich.
Die Gedanken kreuzen sich in der Wahrnehmung,
geliebt zu werden.
Es ist ein ewiges Warten,
aber nur in dieser Welt.

EINMAL

Mit Dir über den Regenbogen tanzen,
Dich in den Wolken lieben –
was hätte das Leben mehr zu bieten?
Es wäre der Anfang vom Paradies und
das Ende der Mühe Leben.

DEIN ATEM

Er ist Leben,
er trägt die Liebe
in der Lebendigkeit,
jeder Atemzug bestätigt
das Leben jenseits und
diesseits unserer Liebe.
Er flüstert mir zu:
Ich bin für Dich da.
Ich nehme Deinen Atem auf
und genieße den Geschmack
Deiner Einmaligkeit.

GELIEBT WERDEN

Ein Kuss von Dir in trauter Stunde
lässt die Seele aus Erdentiefen steigen,
hinauf ins Licht der Sehnsucht.
Träume und Realität vereinigen sich
zum ewigen Reigen
vom Schmerz und der Freude,
geliebt zu werden.

MEIN STERN

Ach, könnt ich es wagen, meine Liebe zu Dir
in die schönsten Worte der Welt zu tragen:
Es wären glitzernde Sternenbilder, denn
Du bist der schönste Stern von allen.
Zeig mir den Weg
zum ewigen inneren Licht Deiner Liebe!

ENGEL DER SEHNSUCHT

Schließ die Augen.
Mein Engel der Sehnsucht trägt
Dich ins Reich der zärtlichen Träume,
der sanfte Hauch seines Flügelschwungs soll Dich erinnern:
Du bist das Herz,
das in mir schlägt!

LICHT DER LIEBE

Ich spüre Deine Nähe,
nehme Deinen Duft auf,
schmecke Deinen Kuss …
und entdecke eine Welt
voller Sinnlichkeit.
Sie zeigt uns im fernen Nebel der Zeit
das Licht der Liebe.

Morgen

Morgen bin ich bei Dir.
Morgen geht die Sonne auf.
Morgen atme ich Dich ein.
Morgen berühre ich das Universum.
Morgen bist Du bei mir.

Ewiger Friede

Mein Engel der Sehnsucht
trägt Dich auf zarten Flügeln
aus den Träumen in das Haus
der achtsamen Seelen.
Meine Zärtlichkeit wird Dich berühren,
Herz und Seele erfüllen.
Liebe, es ist ewiger Friede!

Dein Auftrag

Aus den Tiefen dieser Erde und den Höhen des Universums
bist Du entstanden. Der Funke des Schöpfers liegt in Deinen
Augen, Dein Auftrag ist es, Gutes zu tun und zu fördern –
damit Dein Dasein im göttlichen Licht
die Seelen der Menschen mit Liebe erfüllt.

Leuchten

Dein Leuchten im Tunnel des Lebens
ist das Licht der Liebe.
Es schenkt, der Sonne gleich,
Wärme und Geborgenheit
für Seele und Geist.
Es ist unsere Zeit der Liebe.

Den Blumen gleich

Meine Gedanken –
sie wandern zwischen unerfüllten Träumen
und der Wirklichkeit auf dem schmalen Grat dessen,
was man Leben nennt.
Nur die Liebe mit ihren tausend Gesichtern
blüht wie die Blumen am Wegesrand
in bunten Farben
und versüßt mir den Weg durch ein Leben
voller Veränderungen.
Wohl dem, der zu lieben weiß!

Jede Stunde

Liebe zu erleben –
das ist der Kern und das Ziel des Lebens.
Jede Stunde der erfüllten Liebe ist
wie ein Stern im Jenseits
der universalen Welt.

Die kleine Rose

So zierlich, so zart auf der Wiese des Lebens
zeigt sich die kleine, weiße Rose.
Sie leuchtet im reinen Sonnenlicht.
Ihr Duft riecht nach Freiheit,
nach Wildheit und Nähe,
als wollt sie Dir sagen:
Liebe Dein Leben und schenke der Liebe
Dein Herz, denn Deine Zeit
ist wie ein Atemzug in der Ewigkeit.

Ewig verbunden

Aus dem Himmel fallen meine Träume, meine Illusionen,
sie fallen in den Garten der weißen Rosen.
Es sind nur die Dornen auf Erden, die unsere Liebe
leiden lassen. Doch die weißen Blüten der Rosen
sagen uns: Die Reinheit der Liebe wird uns ewig
mit dem Himmel verbinden.

In alle Ewigkeit

Das Licht ist in den Schatten verliebt,
der Tag in die Nacht,
das Leben in den Tod,
Deine Seele in unsere Liebe.
Lass uns zu Licht werden,
das den Himmel der Liebe
in alle Ewigkeit erhellt.

Gesegnet

Zu lieben ist Gnade,
geliebt zu werden
ist ein Segen!

Ein Wimpernschlag

Mach die Augen zu und
schwebe mit mir in das Land der Liebe.
Mach die Augen auf und
sieh die Blumen, sie wollen Dir sagen:
Du wirst nie so vollkommen wie wir,
aber die Liebe schenkt Dir einen
Hauch unserer Göttlichkeit.

Hand in Hand

Wir lieben uns –
jetzt und morgen immerfort.
Selbst wenn die Erde zerstört würde,
so stiegen aus den Trümmern
unsere Energien
Hand in Hand hinauf in den Himmel
der ewigen Liebe!

EWIGER TANZ

Mein Herz spürt Deine Liebe,
meine Seele tanzt in
Gedanken Walzer
und wiegt sich mit Dir zwischen
Traum und Wirklichkeit.
Gemeinsam folgen wir
dem Rhythmus der
ewigen Liebe.

VOLLKOMMENHEIT

Du, schönste Blume im Licht des Universums,
Deine Form, Dein Duft,
die Farbe Deiner Blüte –
alles zeugt von der
Vollkommenheit der Frau,
die unsere Liebe trägt.

GRÖSSTE FREUDE

Du bist der schönste Schmetterling im Garten des Lebens:
Mit zarten Flügeln, in harmonischen Farben –
so schwebst Du durch meine Welt.
Ich will sie mit Dir teilen!

Unser Tanz

Meine Gedanken, sie tanzen
zu den Worten der Liebe.
Die Schrittfolge ist einfach:
»Ich liebe dich, und du liebst mich.«
Ein zärtlicher Dialog,
gefühltes Glück,
der schönste Tanz der Welt.

Da für Dich

Ich schenke Deinen Wünschen
Sonnenschein,
Ich gebe Deinen Träumen
die Zeit und den Raum,
sich frei zu entfalten.
Ich bin einfach – da für Dich!

Dein Duft

Er verwirrt die Sinne,
aus Träumen werden Sehnsüchte.
Er schenkt mir im Erinnern eine Heimat
und im Jetzt eine Ahnung vom Paradies.
Dein Duft ist das Tor zur
berührenden Liebe.

Jeden Tag

Es ist ewiger Frühling,
unsere Herzen wiegen sich im Meer
der weißen Rosen.
Die Dornen verwandeln sich in
Knospen der Liebe:
Jeden Tag entsteht sie neu.

Unendlichkeit

Wie das Wolkenmeer
ist die Liebe unendlich,
schön und doch nicht erklärbar.
Wolke für Wolke miteinander vereint
und doch wachsend für sich allein
wie die Liebe selbst.
Es ist ein Wunder der Natur
vom Geben und vom Nehmen,
ohne zu fragen, warum.

Göttlicher Hauch

Deine Liebe zu spüren ist
wie ein göttlicher Hauch.
Es ist der Atem,
der mich am Leben hält.

Geheimnis der Liebe

Unter allen Sternen des Himmels
und den funkelnden Diamanten der Erde
leuchtest Du am schönsten.
Ich fühle bei Dir ewige Sehnsucht
des liebenden Miteinanders.
Meine Lippen berühren die Sinnlichkeit Deiner Worte,
der seidige Glanz Deines Körpers
zündet meine Gedanken zur vollkommenen Nähe.
Wir begegnen dem göttlichen Funken der Auferstehung –
das ist das Geheimnis der Liebe.

Von – Dir – zu – mir

Von Gefühl zu Gefühl
Die sinnliche Kraft!
Tief ein- und ausatmen,
sich respektvoll und achtsam begegnen,
Gegensätze von Nähe und Distanz zulassen,
sich staunend berühren im Glück der Liebe,
immer einen Raum für das Ich im Wir lassen –
das bedeutet von Dir zu mir!

Turbulenzen

Liebe ist wie ein langer Flug durch ein unbekanntes Gebiet:
Entweder man kommt an
oder man stürzt ab.

WUNDER

Es macht Dich reich ohne Gold,
es wärmt Dich ohne Feuer,
es nährt Dich ohne Brot.
Du kannst es nicht sehen,
aber fühlen:
Es ist die Liebe.

FREI SEIN

Liebe und Freiheit
gehen Hand in Hand.
Du kannst nicht lieben,
wenn Du keine Wahl hast.
Wo Liebe ist, muss auch
die Freiheit zur Wahl bestehen!

MOMENTE DER LIEBE

Momente der Liebe:
die wenigen Sekunden,
in denen wir Gott nah sind.

Gegenüber

Die Zeit der Uhr,
die Uhr der Zeit,
die Liebe der Menschen,
und Menschen der Liebe,
das Berühren der Haut,
die Haut berühren,
das Herz der Liebe
und die Liebe des Herzens spüren,
das will ich –
ich will Dich!

Wieder ein Tag!

Wieder ein Tag
voll zärtlicher Gedanken
an Deine Liebe,
an Dein schönes Antlitz,
Deinen zarten Körper
und Deine göttliche Seele.

Unsere Zeit …

… währt schon lange,
aber nach meiner Zeitmessung
erst kurz.
Es ist die wertvollste Zeit.

Tag der Liebe

Ich wache auf,
und Du liegst neben mir,
ich atme Deinen Duft nach Lebensfreude ein,
ich berühre Deine zarte Haut und
spüre die Wärme der Geborgenheit.
Ich küsse Dich in den Tag,
unseren Tag der Liebe.

Du verstehst

Oh, Zauber der Gefühle!
Oh, Macht der liebevollen Worte!
Ich habe Dir meine Seele,
mein Leben geweiht,
was könnte es Größeres geben?
Du verstehst meine Worte und mein Schweigen.
Dein Lachen, Deine Berührungen schenken mir
tausendfache Freude –
wenn ich unsere Seelen miteinander tanzen sehe.

Ja gesagt

Ich habe Ja gesagt,
ich habe Nein gesagt.
Im Fluss meines Lebens
wusste ich niemals genau,
was richtig und was falsch war.
Ich kenne nur mein Ja zu Dir,
und dieses Ja ist mein Leben.

Morgenlied

Früh am Morgen
singt die Lerche,
sie jubiliert das schönste Lied von der Liebe.
Es ist Deinem Lächeln gleich.

Geheimnis

Deine Liebe ist ein Geschenk,
das die Seelen den Himmel erobern lässt.

Liebesstoff

Die Liebe: ein Stoff, der aus Hingabe gewebt wird.
Und in den glücklichsten Momenten
besticken wir ihn.

Ohne Erwartung

Die tatsächliche Liebe beginnt dort,
wo wir geben,
ohne eine Gegenleistung zu erwarten.

Am Morgen (I)

Das Morgenlicht eröffnet mir
einen Tag des Sehens, des Fühlens
und des Lernens. Seine Strahlen erhellen
den Glanz Deiner Augen,
Dein vertrautes Lächeln,
die tiefen Empfindungen Deiner Liebe.

Am Morgen (II)

Am Morgen trifft sich die Liebe,
am Abend ist sie unterwegs,
und in der Nacht
küssen sich die Seelen.

Wo? Da!

Du lebst, wo Du liebst –
nicht umgekehrt!

Glück finden

Es ist schwer,
das Glück in uns zu finden,
und unmöglich,
es woanders zu finden.

WIR

Wem gehört das WIR?
Mir, Dir oder anderen?
sind wir das WIR oder ist das WIR alle?
Ist es Alltag für jenes und dieses
oder gehört es einer Liebe?
Ich kenne mein WIR!

Für Dich

Für Dich zu leben:
das Tor zum Paradies.
Dich zu lieben:
mit Dir über die Wolken zu gehen.
Für Dich zu sterben:
ein Suchen und Finden Deiner Liebe.

Starke Sehnsucht

Die Sehnsucht stärkt die Seele,
nicht aber die ersehnte Erfüllung.
Oder stimmt beides?

TORÖFFNER

Dein Lächeln öffnet das Tor,
Gutes zu denken,
Gutes zu tun,
Gutes zu suchen,
Gutes zu genießen.

GELIEBTES LEBEN

Du bist der Wind unter meinen Flügeln,
Du trägst mich in den Himmel der liebenden Seelen,
Du bist das Wunder,
geliebtes Leben!

GOTTESGESCHENK

Was bedeutet mein Leben?
Wer bin ich, was will ich,
habe ich gelebt oder wurde ich gelebt,
hatte ich den Mut, Gefühle zu leben?
Was habe ich erreicht und was versäumt?
Wer liebt mich, wen liebe ich,
wer vergibt mir mein Unvermögen?

Wo ernährt sich meine Seele?
Wer geht mit mir an die Tür
der ewigen Vollendung?

Deine Wirklichkeit

Deine Träume haben Flügel,
die Dich in neue Wirklichkeiten tragen.
Lass mich Deine Wirklichkeit sein!

Wünsche

Das Wunder der erfüllten Wünsche gibt uns die Kraft,
immer neue Türen zu öffnen,
ohne zu wissen, was uns dahinter erwartet.
Wer dies nicht wagt,
wird nie glücklich werden.

Schönster Gedanke

Du bist mein schönster Gedanke:
Ob nah oder fern,
ob tags oder nachts,
es tanzen die Gefühle
zwischen Erde und Paradies.
Du bist ein Teil meiner Seele –
gemeinsam tragen wir unsere Liebe in die Ewigkeit.

Halb und Halb

Halb Kinderherz,
halb Gott im Herzen,
ganz der Liebe zugetan:
Seelenleben
für die Ewigkeit.

Ich bin bei Dir

Ich schenke dem Wind
meine Gedanken an Dich.
Er trägt sie in Dein Herz,
er berührt Dein Haar,
er streichelt Deine Haut
und sagt Dir:
Ich bin bei Dir.

Du liebst

Du liebst
die Sonne, den Mond und die Sterne.
Du liebst
alles Leben auf dieser Welt.
Du liebst
meine Liebe.
Liebst Du auch mich?

ACHT ROSEN

Acht Rosen hat der Strauch,
sieben gehören dem Wind.
Die achte Rose,
die schönste von allen,
ist Deine Liebe, und die gehört nur uns!
Ich küsse die Rose und berühre den Himmel.
Wenn das nicht der Weg ins Paradies ist,
war die Liebe vergebens.

TRAUM FÜR ZWEI

Ein jeder lebt seinen Traum,
und in vielen Träumen ist Raum für zwei:
in der Liebe
und im Wahn der Unendlichkeit.

WIRKLICHKEITEN

Dich an jedem Tag und in jeder Nacht zu spüren
ist mir nicht beschieden,
uns ein Heim zu schaffen ist untersagt,
denn wo sich die Wirklichkeit in Wolken auflöst,
gibt es kein Zuhause.
Doch von Dir zu träumen bleibt mir unbenommen.
Und mein Verlangen, das Suchen der Wirklichkeit in der
 Unwirklichkeit,
wird zum schönsten Teil des Lebens.

Ich …

Ich halte Deine Seele,
ich trage Dein Herz,
ich lebe mit Deinen Sorgen,
ich wünsche Dir das kleine Glück für jeden Tag,
ich liebe Dich in allen Galaxien des Universums.

Erfülltheit

Ist das Herz voller Liebe,
bleibt kein Raum mehr für Angst,
Zweifel und Einsamkeit.
Aber für Lebensfreude
und die Erfülltheit von Nähe –
ein Füllhorn der Liebe!

Sich finden

Finde Dich in jedem Deiner Gedanken,
folge Dir auf all Deinen Wegen.
Liebe Dich am meisten,
dann erfreust Du Dich daran, geliebt zu werden.
Lausche der Stimme Deines höheren Selbst,
und keine Weite wird Dir fern sein.

Ich liebe Dich!

Wenn ich in Deine Augen seh,
dann schwindet all mein Leid und Weh.
Und küss ich Deinen Seelenmund,
so werde ich sofort gesund.
Doch wenn Du sprichst:
»Ich liebe dich«,
so ist's ein Gruß von Gott an mich.

Letzter Tanz

Unsere Liebe muss über die Wolken ziehen,
auf der Suche nach ihrem Platz.
Lass uns die Felder der Träume bestellen,
lass uns ernten neue Wirklichkeiten.
Lass uns kosten der Sehnsucht süße Frucht,
lass uns uns stärken für der Liebe letzten Tanz!

DANKE sagen

Es ist ein Geschenk, in dieser Welt leben zu dürfen,
einen Vogel singen zu hören,
Deine Augen leuchten zu sehen,
Deinen zarten Mund zu küssen,
Deine Liebe im Herzen zu spüren.
Meine Seele will vor Glück
DANKE sagen.

Liebende

Liebende sind wir geworden,
schmolzen doch im Laufe der Jahre
unsere Schwerter zur goldenen Schale der Achtsamkeit,
daraus tranken wir Sehnsucht und Freude.
Liebende im Gleichgewicht von Seele, Herz und Körper
sind Gotteskinder – und das will verdient sein.

Seelenliebe

Schenke der Liebe den Glanz Deiner Augen!
Lass Dein Herz im Takt der Freude schlagen!
Nimm Deine Seele in beide Hände,
umfange und streichle und liebkose sie!
Dann wird sie den Blumen gleich blühen im Licht
und Dir sagen:
Ich liebe Dich!

Dieser Tag

Dieser Tag umarmt Deine Angst
und schenkt Dir den Glauben ans Leben ganz neu:
Die Liebe bettet Dich lebenslänglich.

Lieben

Du kannst nur lieben,
wenn Du die Freiheit hast,
auch zu verlassen.

Schönste Zeit

Wer je gelebt in der Liebe verzauberten Tagen,
der kann nie verarmen.
Selbst in der Ferne fühlst Du die selige Stund',
wo Du gelebt an meinem Mund.
Es ist des Lebens schönste Zeit und
der Seele größte Gunst.

Ein Traum

Ich war ein Vogel, in den Lüften zu Hause,
eine Feder war ich im warmen Kleid oder
hat mich der Blick getäuscht,
war es ein Traum?
Ich war eine Schnecke in ihrem Haus und
hab mich verloren.
Nur Du kennst die Antwort:
Du bist die Liebe gleich nebenan bei mir allein.

Ja und Nein

Ich behaupte alles und leugne vieles,
denn Ja und Nein sind zwei wahre Brüder,
und ich liebe die Wahrheit!

Du

DAS DU
BIST DU,
DEIN ICH
BIST DU,
MEIN DU
BIST DU,
MEIN ICH
BIST DU,
WIR, DU und ICH.

Blauer Himmel

Ich wünsche Dir
einen blauen Himmel
über all den Dingen,
die Dir wichtig sind.

Es werde Licht

Träume sind Sonnenstrahlen des Herzens.
Stille Gedanken werden zu Edelsteinen und
erleuchten unsere Seele.

Zauberwelt

Du bist die Zauberin meiner Träume.
Jede Berührung ist göttliche Magie,
Du bist meine Liebe und mein Zuhause
im Land der Illusionen.

Ich liebe

Ich liebe:
der göttlichen Seele schlanke Hülle,
die zarte Haut, die wachen Augen und Deine hohe Stirn.
Ich werde Dich beglücken an Herz, Seele und Körper.
Du bist der Götter schönstes Geschenk.

Meine Liebe

Sie ist immer da,
sie hat mich gestärkt und geschwächt.
Sie hatte verschiedene Namen,
ich habe sie vergessen.
Nur Dein Name ist eingraviert in Herz und Seele,
selbst im Himmel bin ich unsterblich mit Dir verbunden.
Du lebst ewig als meine Liebe.

Berg der Träume

Ich baue Dir ein Wolkenschloss, und
Du wirst wie auf Watte auf dem Berg der Träume gehen.
Der Wind wird zum zarten Hauch und
küsst Deinen ach so schönen Mund.

Schöner

Schöner als das Leben ist die Liebe
wie die Blüte als der Stängel
wie der Vogel schöner als das Ei.
Schöner auch die Gedichte,
die ich nie schreiben werde!

Träume sind …

Träume sind Sonnenstrahlen
der Seele und des Herzens.

UND DOCH

Fliegen wie ein Vogel,
mit den Wolken ziehen,
die Erde unten, der Himmel oben.
Frei sein im Hier und Jetzt –
und doch in Deinen Armen liegen.

DU BIST (I)

Du bist der Himmel über meinem Haupt,
Du bist das Herz meiner Seele.
Meine Liebe soll die Heimat
all Deiner Gefühle sein.

DU BIST (II)

Du bist die Botin der Liebe,
Du bist ein Wunder der Welt,
Dein Herz ist der Seele liebstes Kind.
Du bist die Pförtnerin
zum Paradies.

WECHSEL

Gestern ist Vergangenheit.
Heute ist Leben.
Morgen ist Hoffnung.
Lebensende ist Veränderung.
Ewiger Wechsel ohne Ende.

ÜBERLEBEN

Blauer Himmel,
strahlende Sonne,
Lippen treffen sich zum zärtlichen Kuss,
die Sehnsucht tankt neue Kraft.
Hoffnungen am Abgrund des Unmöglichen
bekommen einen neuen Namen.
Einzig die Liebe überlebt.

KLEINER ENGEL, FLIEG!

Du bist ein Engel auf Erden,
Dein Kleid besteht aus Demut, Achtsamkeit und Liebe.
Du fliegst mit den weißen Tauben und
wirst nie müde, mit Anmut für den
Frieden der Seele zu beten.

LEBEN

ist Kälte und Wärme,
ist Fühlen und Denken,
ist Freude und Leid,
ist Zorn über Unrecht,
ist Staunen über eine Blume,
ist Lachen und Weinen,
ist Küssen und Berühren,
ist mein Mund an Deinem Schoß
und das Musizieren der Engel.
Das ist Leben!

BOTSCHAFTER

Schenk mir Deine Arme für eine Stunde der Nacht,
schenk mir Deine Hand, Deinen Duft und Deine schönsten
    Laute.
Es sind Botschafter der Liebe,
die sagen: »Ich liebe dich.«

LIEBESTRAUM

Der Liebestraum wird aus Sehnsucht gewebt,
aus Berührungen, achtsam und zärtlich,
aber niemals aus Gewohnheiten.

MIT DIR

Dich lieben heißt Dein Herz küssen,
das Paradies einatmen, die schönste Rose berühren,
in magische Träume eintauchen und die Wirklichkeit mit Dir
als göttliche Vollendung des Lebens wahrnehmen –
mit Dir ist es Liebe.

Vergessene Liebe

Sie vergaß ihre Freude mitzunehmen,
sie vergaß das Erinnern,
auch hat sie die Rose in ihrem Haar vergessen,
sie hat sich vergessen.
Nun liegen wir beieinander und gedenken
der Vergesslichkeit unserer Liebe.

Leben mit Dir

Die Erwartung Deiner Küsse,
das Lächeln in Deinen Augen,
die Freude in Deinen Gedanken,
die Zärtlichkeit Deiner Berührung –
all dies sind Gründe, die Liebe mit Dir zu leben.

Deine Worte

Wenn Du lachst, erwacht mein Herz.
Wenn Du sprichst – üben die Vögel ihre Melodien auf Deinen
    Lippen.
Was Du auch erzählst, es wird hell am Himmel:
Die Wolken steigen auf, es grüßt das Sonnenlicht.
Deine Worte sind die Musik der Liebe und Sehnsucht,
ich wäre traurig, wenn Du schwiegest.
Komm und erzähle von der Liebe,
ich höre Dir zu und bleibe zur Nacht.

G͏OLDENE B͏ERÜHRUNG

Auf Deinen Wangen liegt glitzernder Staub,
Du bist ganz aus Gold,
meine Augen laben sich an Deiner Schönheit.
Wir halten den Atem an und spüren
das Gold unserer Küsse.
In Gedanken baue ich goldene Schlösser mit goldenen
    Türmen,
um die goldenen Träume vom Himmel in die Wirklichkeit zu
    holen.

D͏EIN H͏IMMEL

Ich küsse Deinen Himmel:
Er zeigt seine Schönheit in wilden und zarten Konturen,
seine weiche Vielfalt verführt zum Träumen.
Es ist die Unendlichkeit, die uns leben und lieben lässt.

E͏INE L͏IEBE

Blauer Himmel,
ein Tal, ein Berg,
ein Abgrund und eine Liebe.
Ein Kuss, ein Gefühl,
eine Ewigkeit und eine Liebe.
Eine Hoffnung, eine Sehnsucht,
auch ohne Erfüllung eine Liebe.

HIMMELHOCH

Man müsste den Himmel mit unserer Liebe ausleuchten,
um zu sehen, was uns verbindet.

IM HIER UND JETZT

Ich soll die Sehnsucht, die ich erleide,
abwägen gegen das Glück, das Du mir schenkst.
Geht das nach Zahlen, nach Wochen, Stunden oder gar
    Minuten
des Hoffens auf liebendes Miteinander?
Es ist ein Streben nach glücklicher Zeit,
aber was soll all das Zählen?
Ich spüre Deine Liebe in der Zeitlosigkeit
des Hier und Jetzt!

WENN ICH ...

Wenn ich Dich sehe,
verfliegen Kummer und Schmerz,
wenn ich Dich höre,
musiziert mein Herz,
wenn ich Dich küsse,
winkt mir das Paradies,
wenn ich Dich berühre,
stehe ich vor dem Tor
zur ewigen Liebe.

VERLIEBTE FRAU

Sie betrachtet die Welt mit ihrem Herzen,
sie weint Tränen der Liebe und
lebt in Freude für den kleinen Tod,
sie sucht aus der Tiefe ihrer Weiblichkeit die schönsten
    Melodien,
sie sammelt Seelenenerien für die Ewigigkeit.

ENDE DES WEGES

Es bleibt nur der letzte Gedanke:
»Ich liebte Dich auf Erden, und ich liebe Dich im Jenseits.«
Die Erinnerung schlägt uns eine Brücke im Nebel der Zeit,
im Gehen werde ich auf Dich warten.
Ich stehe im Licht und ich sende Dir
zu jeder Stunde meine Liebe.
Und wenn auch Dein Tag sich dem Ende zuneigt,
dann werde ich da sein und auf Dich warten:
Mein heller Stern der Liebe
weist Dir den Weg nach Hause.

HIMMELSKIND

Das Licht des Himmels soll über Dir scheinen,
Erde, Mond und Sterne sollen sich vor Dir verneigen
und Deine Liebe die Götter preisen!
Werde im Herzen nie erwachsen, und
Du wirst neben den Blüten auch die Wurzeln sehen.

Flieg mit mir

Ich küsse Deine Seele und lausche Deinen Liedern,
der Himmel zeigt Dir ein Stück vom Paradies.
Darum liebe das Leben,
denn die Flügel zum Fliegen wachsen auf Erden.

Eine schöne Zeit

Kein Tag wie gestern,
keine Stunde von heute,
auch keine Minute,
es war einmal.
Es warten Momente,
Augenblicke der zärtlichen Begegnung.
Die Greifbarkeit und Begreifbarkeit der Liebe
wartet auf Sekunden der glücklichen Engel.

Dein Lachen

Aus der Tiefe Deiner Wahrnehmungen
entsteigt der Reflex des Lächelns
Ich liebe das Leben,
ich liebe das Menschsein,
ich liebe das Miteinander,
ich liebe den Genuss,
ich liebe mich,
und wenn es sich zeigt,
auch das Gegenüber.
Die Sonne ist Dein Spiegel,
Dein Lächeln das Leben.

Erde

Deine Zeit

Sie ist begrenzt, sie kennt
die Kindheit, die Jugend und das Älterwerden,
sie überlebt Verletzungen an Seele und Körper,
sie sucht zu verstehen und zu verzeihen,
sie fordert Respekt und Demut,
das Leben zu achten,
sie sucht die reine, vollkommene Liebe
und wird sie niemals finden. Es bleibt nur die Sehnsucht,
und die weist Dir den Weg in die Ewigkeit.

Liebe

Verfangen in Bettlaken haben wir die Liebe
praktisch und bewegt ausgelebt,
wir haben sie verraten und oft für billige Illusionen verkauft.
Und doch suchen wir sie mit ihrer Geborgenheit,
Herzenswärme und Seelenkraft als
wahren Sinn des Lebens.

Du lebst!

Noch ist Raum für Begegnungen der Liebe,
noch ist Zeit für Stunden der Zweisamkeit,
noch lebt das Gefühl, zu lieben und geliebt zu werden,
noch können wir uns berühren, küssen und liebkosen.
Noch lebst Du für das ewige Licht der Liebe!

Besuch bei Dir

Kehre ein in Dein Haus
am ruhenden Meer Deiner Träume,
nimm Platz am Tisch Deiner Liebe,
koste die Vergebung und die Demut,
stelle Fragen, suche Antworten im Licht
der Liebe und die Erkenntnis:
Deine Seele liebt Dich,
sie wird Dich tragen in die Ewigkeit.

Meine Liebe

Spüre die Ruhe,
kehre ein zu Dir,
es ist Deine Zeit für Dich,
suche die Liebe zu Dir selbst,
denke, halte fest und lasse los,
was Du nie verlieren wirst:
meine Liebe.

Elefant

Ich, der Elefant,
strebe zielorientiert und beständig zum Erfolg.
Mein Gedächtnis ist groß,
ich verzeihe keinen Angriff auf das Leben.
Ich beschütze es: mit Stärke und Achtsamkeit.

Winterliebe

Hab Geduld, Du kleine Knospe,
es ist jetzt noch viel zu kalt,
es ist jetzt noch viel zu bald,
noch musst Du warten ohne Verlangen.
Morgen schon –
geht die Sonne auf im Herzen,
und dem Winter folgt der Frühling,
der uns wärmt, der lacht und flüstert:
»Küss mich!«

Wir

Wir brauchen uns.
Die Vertrautheit, die Nähe,
die Vergangenheit, das Heute
und unsere Achtsamkeit
führen in eine gemeinsame Zukunft.
Unsere Liebe begleitet uns und bleibt –
bis ans Ende unserer Tage.

Mein Reichtum

Dein Name auf meinen Lippen,
Deinen Mund küssen, Deine Schönheit
in meine Augen legen, Dein Herz in
meiner Seele spüren – die Liebe
in Sehnsucht erleben –
wo könnte ich größeren Reichtum finden?

LEBEN

Leben heißt Auferstehung.
Leben heißt Herz und Seele in Einklang zu bringen.
Leben heißt nie zu fragen: Warum?
Sondern so ist das Leben:
Leben heißt, sich in Demut und Nächstenliebe zu üben.
Leben heißt aber auch Freude und Genuss
und in Liebe und Sehnsucht das Dasein zu teilen.
Leben heißt aufstehen, gehen und
am Ende hinübergehen.

DU SCHÖNE BLUME

Du bist die schönste Blume,
ich bin das Wurzelwerk,
das im Wissen um Deine Schönheit Nährstoffe sammelt.
Unsere Liebe lässt das Wasser des Lebens nie versiegen.

BEI DIR ZU HAUSE

Ich baue mir ein Zuhause an Deiner Brust,
ich bin still und lausche Deinem Atem,
alle Worte dieser Welt verhallen
im Kokon Deiner Nähe.
Es bleibt die Wärme Deines zarten Körpers,
die meine Haut sanft berührt,
es kehrt Ruhe ein, die achtsamen Berührungen
nähren Herz und Seele
und dafür lebe ich.

Wie Du die Welt siehst

Deine Seele formt die Wahrnehmung
und nicht die Wahrnehmung Deine Seele.

Der Weg zu Dir

Ein Weg der spitzen Steine,
ein Weg der Stürme,
ein Weg der Verluste,
ein Weg des Wartens.
Endlich im Licht der Liebe:
ein Weg der Freude,
ein Weg der Geborgenheit,
ein Weg des Glücklichseins,
ein gemeinsamer Weg ins Paradies –
unser Weg!

Wunder der Liebe

Ich schüttle den Baum der Träume.
Komm, lass uns teilen die köstliche Frucht:
Es sind tausend Küsse,
zärtliche Berührungen und das Schwingen
unserer Seelen, es ist die hohe Zeit der Gefühle,
es ist das Wunder des Lebens.

DIE ROSEN

Die Wurzeln der roten Rosen
in meinem Garten,
sie wachsen in Dein
Paradies der weißen Rosen.
Die weißen Rosen stehen für die Reinheit
liebender Seelen.
Die roten Rosen erinnern uns
an die Vergänglichkeit der
berührenden Liebe, an Freude, Schmerz
und Lust und an das Loslassen.
Wir lieben sie beide:
die weißen Rosen und die roten.
Gemeinsam säumen sie den Weg
ins ewige Glück.

VERGESSEN

Die Wege haben die Schuhe der Menschen vergessen,
die Wünsche ihre Träume, die Sehnsucht ihre Hoffnungen.
Es bleiben die tiefen Narben der Liebe in Herz und Seele.

Ein Abend ohne Dich

Es ist Abend in der Ferne.
Ich bin müde,
ich vermisse Dich.
Alles, was Du bist,
fehlt mir, ich atme durch,
höre Deine Worte der
Liebe und werde still,
ja dankbar, dass Du
auf Erden bist.
Schenk uns in großer
Liebe eine kleine Zeit,
die zur schönsten
unseres Lebens werden soll.

Abschied

Unsere Küsse
unsere Hände
danach Leere
Der Abschied!

Unabdingbar

Das Blatt braucht den Baum,
der Baum das Blatt,
das Licht den Schatten,
die Sonne den Mond,
der Tisch die Stühle,
mein Herz Deine Liebe,
Deine Liebe den Fels meiner Seele.
Wir brauchen uns, um leben zu wollen,
zu dürfen und zu können.

Deine Fragen

Hab Geduld
für alles Ungelöste in Deinem Herzen
und lebe mit den Fragen,
um Dich eines Tages ganz von selbst
in die Antwort
fallen
    zu
        lassen.

Zuhause

Ein Haus kann man bewohnen,
eine Beziehung leben.
Doch das Zuhause findet man nur dort,
wo die Liebe ist.

GEDANKENLIEBE

Liebe entsteht mit der Sehnsucht
nach emotionaler Vollkommenheit.
Liebevolle Gedanken schaffen
positive Erfahrungen und Beziehungen;
sie werden zum Ausdruck unseres Strebens,
geliebt zu werden, um lieben zu können.
Unsere Wünsche werden mit dem
Grad ihrer Wahrhaftigkeit
zu erfüllenden Realitäten,
und dies ganz besonders,
wenn sich Liebe auf gleicher Ebene
in ihrer Einmaligkeit begegnet.

ICH WERDE GELIEBT!

Wer liebt wen?
Wer liebt warum?
Du liebst mich,
ich liebe Dich
und mein Leben mit Dir.
Ich liebe und werde geliebt,
was soll mir das Leben
Wertvolleres geben
auf dem Weg in die Ewigkeit?
Deine Liebe – Dein Leben –
ist das größte Geschenk,
das es gibt
auf Erden.

LIEBESERFAHRUNG

Willst Du Liebe erfahren,
musst Du Dich ihr verpflichtet fühlen,
und diese Verbindlichkeit der Herzen
wird in Deinen Gedanken, aber auch
in Deinen Taten ihren Ausdruck finden.
Du wirst die Antworten der wahren Liebe
nur in der selbstlosen Aufarbeitung
Deines Ichs erkennen.
Dies ist die ewige Wahrheit
über die Reinheit
der Liebe.

ICH BRAUCHE DICH

Ich brauche Räume des Rückzuges,
der Stille,
ich will Zeiten für mich allein.
Ich brauche Einkehr,
um mich und die Welt zu verstehen.
Lass mich in meinen Gedanken ruhen,
aber verlass mich nicht,
bleib in meiner Nähe,
halte mich,
gib mir Schutz,
bleib stehen an meiner Tür,
bis ich sie wieder öffnen kann.
Ich brauche Deine Liebe
für mein Herz und meine Seele,
für Ruhe und Lebendigkeit,
um gemeinsam mit Dir
den Weg durchs Leben zu finden.

Dafür

Selbst wenn die Uhren stehenblieben,
die Saat verbrennte,
das Licht vom Himmel fiele,
das Wasser verdampfte,
so bliebe doch unsere
Liebe bestehen,
und dafür
leben wir!

Dies ist Liebe

Das Leben lehrt uns,
dass Liebe nicht nur darin besteht,
sich in die Augen zu sehen,
sondern vielmehr in die
gleiche Richtung,
und dies aus
unterschiedlichen   Positionen.

Natürlich

So, wie eine Pflanze
Sonne, Wasser und Nährstoffe braucht,
so braucht auch die Liebe
Nähe, Achtsamkeit und
Begehrlichkeit.

Fühlende Liebe

Du, mein geliebtes Weib,
Du bist die Mutter meiner Seele,
die Geliebte meines Herzens.
Unsere Nähe in der Balance
unserer Vorstellung und
Achtsamkeiten schenkt
uns das Glück auf Erden.
Du bist Weisheit und Sinn,
leben zu wollen,
im Einklang mit unserer
fühlenden Liebe.

Ich gehe

Ich gehe zurück dorthin,
wo ich herkomme,
in die Sphären des Universums.
Ich gehe nach Hause in
das Land der ewigen Liebe.
Ich gehe von Dir,
weil Deine Liebe nur ein Teil
des Ganzen ist.
ich gehe, weil ich gehen muss,
das Ganze zu finden.

Der Anfang für das Ende

Der Anfang der Liebe bist Du,
das Ende der Liebe bist Du,
der erste Gedanke war Liebe,
der letzte Gedanke ist Deine Liebe.

Ankerplatz

Ich sehe die Wolken vorüberziehen,
ich spüre das Wehen des Windes,
ich vergesse die Zeit im Wandel
von Tag und Nacht,
ich bewege mich zwischen
Rast und Ruh,
ich suche Deine Liebe und
finde sie hier und jetzt.
Wo war sie gestern,
wo ist sie morgen?
Ich halte sie fest,
ohne zu klammern,
denn ohne sie
wäre ich tot.

Verlorene Träume

Unsere Nacht der verlorenen Träume:
Sie kommen ohne Auftrag
und versprechen beim Gehen ein Wiedersehen,
sie spiegeln in vielen Farben das Leben,
die Wirklichkeit bekommt fremde Gesichter.
Lass es geschehen und trage Deine Welt
mit aller Liebe, die Du geben kannst

Gute Träume

Die Nacht der tausend Träume geht zu Ende,
es ist Morgen – die Welt meldet sich zurück,
das Lachen wie das Weinen,
Du bist im Hier und Jetzt.
Forme Dein Leben für die
guten Träume Deiner Nächte!

Verstehen

Wenn die Steine und die Erde sprechen könnten,
das Wasser und die Bäume singen,
wenn die Tiere uns verstünden,
so würden sie von der Sehnsucht erzählen,
die Liebe der Menschen zu erfahren.
Dies ist der Schlüssel,
den Kreislauf vom Leben und Sterben
als immer wiederkehrende Schöpfung zu verstehen.

Unsere Zeit

Du bist da:
Ich schaue Dich an,
ich spreche mit Dir,
ich küsse Dich,
Du schenkst mir das
Lächeln der Liebe.
Es ist unsere Zeit!

Dein Ziel

Auf der Suche nach der Wahrheit
entstehen Selbstzweifel,
ja sogar Krisen.
Werde freier, löse Dich von
manipulierten Idealbildern –
von Deinen und von denen anderer.
Sei authentisch
und keine Kopie fremder Erwartungen,
strebe nach dem Original Deines Ichs.
Lerne Deine Verletzlichkeit und Bedürftigkeit
und letztlich Deine Vergänglichkeit zu akzeptieren.

Nur die Liebe

Es sind die Träume,
die uns ohne zu warten besuchen;
es ist die Realität, die uns formt und fordert,
damit wir die Höhen und Tiefen des Lebens verstehen.
Nur die Liebe zwischen Wunsch und Erfüllung
gibt uns den Freiraum,
das Glück zu erahnen,
zu erleben,
zu genießen.

Das kleine Glück

Das kleine Glück
vom großen Rad des Lebens
ist mehr als das große Glück
vom kleinen Rad des Lebens.

Schönste Rose

Ich habe in Deinen Augen
das Paradies gesehen:
Liebe, Vertrauen und
die schönste Rose auf Erden.

Wahre Träume

Meine geliebte Blume aus dem Paradies der Träume –
ich werde Dich morgen im Garten der Wirklichkeit
in die Arme nehmen
und Dein Duft wird mir sagen:
Ich bin in Liebe bei Dir!

Liebe

Es ist das schönste Erlebnis,
ein Gefühl wie ewiger Frühling,
wie jeden Tag im Paradies zu wandeln.
Es ist das Wissen, die Liebe mit Dir
zu teilen – bis ans Ende der Zeit.

In Ewigkeit

Du
bist das gebende Leben
im Sturm der Egoismen.
Nur die Liebe hält Dich in der Balance.
Ein Kreis schließt sich,
und in den zärtlichen Momenten der Liebe
erhaschst Du einen göttlichen Blick
in die Ewigkeit.

VERLORENE LIEBE

Wir suchten das Licht und die Wärme der Sonne
und fanden am Tag der Begegnung
den Himmel verhangen.
Das Licht der Liebe wollte nicht
in seinen hellsten Farben leuchten,
die Nähe wurde zur Weite,
die Vorurteile wurden zum Maßstab,
es sollte nicht sein.
Wir suchten den Weg über die Wolken
im falschen Augenblick,
die magischen Momente verloren sich im Alltag.
Es bleibt nur die Illusion der Zweisamkeit –
Verlust oder Gewinn?
Ein Teil unserer Liebe wird fortbestehen.

FRUCHTBARER BODEN

Säe den Samen Deiner Liebe nicht in kargen Boden
der Enttäuschungen,
der Ängste,
der Arroganz,
des Egoismus,
und der selbst geschaffenen Illusionen.
Suche den fruchtbaren Boden der achtsamen Liebe,
damit sie sich nähren und heranwachsen kann
zur schönsten Frucht Deines Lebens.

DANKE!

Das Leuchten Deiner Augen,
das zärtliche Lächeln Deines Mundes –
ich spüre die Kraft Deiner Liebe
und sage DANKE für jeden kostbaren
Augenblick.

IM NAMEN DER LIEBE

Ich bin das Wasser,
Du bist die Erde.
Du schenkst dem Leben Nahrung,
die Reinheit der Liebe erhält einen Namen,
das Menschsein hat einen Sinn:
Es ist die mitfühlende Liebe zu allen Lebewesen
und die berührende, tragende Liebe zwischen zwei Menschen.

HERBSTZEITLOS

Der feuchte Duft des Herbstlaubes umweht
meine Sinne. Es ist ein Gruß der Vergänglichkeit
im Kreislauf des Lebens und Sterbens.
Nur die Liebe kennt keine Jahreszeiten:
Sie dauert fort, in allen Leben und
zu allen Zeiten.

Dein Lächeln

Wenn sich die Sonne der Liebe verdunkelt,
wenn die Nähe auf der Haut brennt,
wenn Gefühle kalte Schatten werfen,
dann komm auf den Gipfel des ewigen Lichtes:
Mein Haus im Garten der roten Rosen
wartet auf Dein Lächeln.

Meisterlich

Meine Gedanken sind oft meisterlich,
und doch bin ich kein Meister des Geistes
noch der Seele.
Ich bin ein Lehrling des Lebens.
Mein Gesellenstück ist es, mit Dir
den Sinn der Liebe zu erfahren –
nicht mehr, aber auch nicht weniger.

Herbstzeit der Liebe

Nach dem Sprießen, Grünen und Blühen
wenden sich die Kräfte von außen nach innen,
suchen Ruhe und Nahrung für neues Wachstum,
um der Natur zu dienen und unsere Sinne zu erfreuen.
Lass uns dankbar sein für die Schönheit der Liebe –
sie blüht zu jeder Zeit.

Deine Nähe

Hörst Du in der Nacht
mein liebevolles Flüstern?
Fühlst Du meine Wärme,
meine Nähe? Dein Atem schenkt
meiner Seele ein Zuhause.
Ich bin glücklich mit Dir!

Seelenarbeit

Du musst an Deiner Seele bauen,
bevor Du in ihr wohnen kannst.
Ich kann Dir Mörtel und Steine geben,
aber Du musst den Plan entwerfen,
ihn fortlaufend anpassen
und Dich am Ende entscheiden.
Gemeinsam können wir den Garten
der Liebe gestalten,
damit das Seelenhaus im Blumenmeer
zu einem leuchtenden Stern
am ewigen Horizont wird.

DA SEIN

Bis ans Ende der Zeit,
nicht für weniger,
will ich da sein für Dich.
Deine Nähe,
Dein Lachen,
Deine Liebe
machen unsere Seelen unsterblich.

DEIN BESITZ

Die Freude der achtsamen Sehnsucht
und die Sicherheit der Gefühle
sind kostbarster Besitz
Deiner Seele.

DEINE SCHATTEN

Sie kühlen den Übermut,
sie spenden uns Schutz vor
unbändiger Hitze, sie umarmen
die Farben der Rosen, die ewig uns blühen.
Sie bewahren das Klima der liebenden Energie –
Die Liebe lebt im Schatten am längsten.

HERBSTGEDANKEN

Ich sitze hier mit meinen Gedanken,
alles ist still –
nur das Knistern des Kamins
lässt mich aufhorchen.
Es ist Herbstzeit,
der Kreislauf vom Leben und Sterben
sucht seine Vollendung.
Einzig die Liebe zu Dir,
der ewige Sommer in unseren Herzen,
schenkt mir Geborgenheit.
Es ist kein Kreislauf der Natur,
sondern ein Anfang und ein ewiges Verweilen
in den Energien des Universums:
Unsere Liebe lebt!

VOLLENDUNG

Wenn ich in Deine Augen blicke,
so verlässt mich alles Elend dieser Welt.
Es ist ein Blick in die
Seele Deines Ichs.
Küsse ich Deinen Mund,
so fühle ich unsere Liebe
in seiner göttlichen Vollendung.

LIEBE SCHENKEN!

Mit Dir das Leben spüren,
Anteil nehmen an allem, was Dich bewegt,
da sein für Deine Sorgen und Nöte,
zuhören, mitteilen, anhalten, loslassen –
einfach für Dich,
ein Stück des Weges mit Dir gehen,
Dich zärtlich berühren,
Dich küssen und liebkosen:
das ist Liebe schenken.

ADVENTSZEIT

Endlich kann ich Gutmensch sein,
endlich denke ich an die Not der anderen,
endlich kann ich freigebig spenden,
endlich kann ich mein Licht verzieren,
endlich bin ich der Mittelpunkt zwischen
brennenden Kerzen und bunten Tannen,
endlich kann ich geben und dafür erwarten.
Lieber Gott, schenke mir die Illusion:
Ich bin ein guter Mensch.
Es weihnachtet sehr – frohes Fest!

ZUDECKEN

Dich zudecken:
nicht mit Küssen,
nur mit Deiner Decke,
damit Du nicht frierst
im Winter, bei Nacht.
Am Morgen, wenn Du erwachst
und ins Licht blinzelst,
werde ich Dich umarmen,
Dich küssen und neu entdecken.

MIT DIR

Die Zeit mit Dir
ist wie ein Besuch im Paradies,
die Zeit mit Dir
ist der Herzschlag meines Lebens,
die Zeit mit Dir
wird in der Ewigkeit die Liebe tragen.

ADIEU

Im Abschied verengt sich mein Herz.
Noch in Deinen Küssen zu Hause,
erkenn ich in Deinen Augen
des Abschieds weichen Schmerz.
Ich muss gehen, um wiederzukehren,
in Deine Arme zurück.
Diese Geborgenheit zu spüren –
das ist der Liebe schönstes Glück.

DEIN GERICHT

Es ist schwieriger, sich selbst zu richten,
als über seinen Nächsten zu urteilen.
Sitze über Dich zu Gericht,
und Du gehst den Weg der ewigen Erkenntnis.

MENSCH SEIN

Der Kraft des Alltags trauen.
Über die Welt staunen und den Worten lauschen.
Zuhören können und vertrauen.
Die Momente der Nähe zulassen
und in Achtsamkeit verweilen.
Sich Zeit nehmen.
Sich suchen und finden.
Die Langsamkeit neu entdecken.
In der Besonnenheit seine Balance finden.
Das bedeutet Mensch sein.

Die Zeit

Das Maß der Zeit erfand der Mensch,
um sein Schaffen und Leben zu ordnen.
Sie steht für das Gestern,
denn wir können das Morgen nur planen,
nicht leben.
Am Ende des Lebens bleiben die Fragen:
Was habe ich aus meiner Zeit erschaffen?
Welchen Wert hatte meine Zeit?
Wo war die Zeit der Nächstenliebe?
Nur das trage ich in die Ewigkeit.

Vergebens

Geschriebene Küsse finden nie den sinnlichen
Mund der Begierde.
Sie verdunsten im Nebel der Fantasien
und tragen das Gefühl in den Morgen.
Er fängt kühl an.

Vor meiner Zeit

Ich weiß von der Liebe, dem Leid und der Trauer
vor meiner Zeit.
Ich ging durch das Dunkel,
ich ging durch den Frühling, ohne den Sommer zu finden,
vor meiner Zeit.
Ich träumte von ewiger Liebe und Glück,
vom Reichtum der Herzen
vor meiner Zeit.
Endlich fand ich die Balance zwischen Liebe und Leid,
entdeckte die fordernde Liebe des Lebens –
es ist meine Zeit!

Deine Blumen

Du hast die schönsten Blumen
am Tor zur unsterblichen Seele.
Lass mich Deine Erde sein:
Ich will Dich nähren,
damit Dich der Blumenstrauß der Erkenntnis
in die Ewigkeit trägt.

DAS WILL ICH:

Stark sein für das Leben,
schwach sein für die Liebe,
so sein, wie Du bist,
zu Dir stehen und wissen,
was Du willst und
was Du nicht willst.
Ehre das Leben und die Liebe
und nimm an,
damit Du geben kannst.

DER SCHÖNSTE LOHN

Mein Geist sehnt sich
und mein Herz ist süchtig
nach Dir:
danach, Deine wärmende Nähe zu spüren –
im Wissen, dass der Gleichklang der Herzen
der Liebe schönster Lohn ist.

MEHR ALS WORTE

Mich Dir zuwenden,
Deine Verletzlichkeit erkennen und
Deine Verwundungen heilen,
Dich berühren, spüren und tragen,
Dir Liebe schenken –
das ist mein
»Ich liebe dich!«

Der Weg durch das Tal

Nur wer die Niederlage besiegt,
hat das Glück verdient.
Nur wer Leid erfährt,
den wird die Liebe umarmen.

Vorfreude

Die Freude auf das Morgen,
auf das zu erwartende Glück
der Gemeinsamkeiten
ist die lebendige Hoffnung
auf berührende Liebe:
eine Danksagung an die Sehnsucht –
dafür, dass sie die Träume in die Wirklichkeit trägt.

Akademische Liebe

Die Evidenz unserer Liebe ist einleuchtend
und nonverbal nachvollziehbar.

Wie willst Du …?

Wie willst Du
Unkraut am Wegesrand
in Rosen verwandeln?
Wie willst Du
Hass und Egoismus
zu Liebe machen?
Wie willst Du
Träume in Dein Leben holen?
Nur die Liebe zu Dir selbst bringt Dich weiter:
Sie öffnet Dir Räume des Verzeihens
und der Nächstenliebe,
sie schenkt Dir den Schlüssel
zu lieben
und geliebt zu werden.

Lebe!

Der größte Verlust im Leben ist die Verzögerung,
sie nimmt Dir die Gegenwart.
Die größte Bremse im Leben sind die Erwartungen,
sie bereiten Dir mehr Enttäuschungen
als Freude.
Lebe im Jetzt und finde die Balance zwischen
dem, was Dir wichtig ist,
und dem, was Du anderen geben willst und kannst.

Erkennen

In den Momenten der Trennung und des Wiedersehens
erleben wir die Bedeutung der Liebe am intensivsten.
Im Halten und im Loslassen
erkennen wir unsere Wünsche nach Vertrauen und Akzeptanz,
nach Geborgenheit und zärtlicher Nähe –
und die tiefe Verletzlichkeit dahinter.

Auf der Suche

Dein Herz willst Du mir schenken –
tu es still und in Ruh.
Unser Denken soll uns verbinden,
doch die Worte schweigen,
die Liebe muss im Schatten stehen,
sonst würde sie verbrennen.
Nur die magischen Momente
hinter dem Schleier der Realitäten
sagen Dir:
Ich liebe Dich!

Ganz einfach!

Du Kleinbild des Universums:
Du bist Geist mit einem Willen,
erst als Gedanke und
schließlich als sichtbarer Körper,
mit dem Du das Geschehen
dieser Welt formen kannst.

Dafür leben wir

Wenn wir in Frieden gehen wollen,
müssen wir lernen, achtsam zu leben.
Die Demut, die Wahrheit und die Liebe,
Geist und Körper im Einklang,
schenken uns Erleuchtung –
und dafür leben wir.

Das Wertvollste

Am wertvollsten ist das,
was Diebe nicht nehmen können:
Wahrheit, Gelassenheit,
Achtsamkeit, Freundschaft, Geborgenheit,
Zufriedenheit – und die Liebe,
die uns geschenkt wird.
Sie ist das Kostbarste, was
wir besitzen können.

Erfolg

Erfolg im Leben besteht nicht
im Wegdenken von Schwierigkeiten,
sondern darin, diese ohne
Selbstverletzungen zu überwinden.

Baum der Liebe

Unsere Liebe ist wie ein Eichensamen,
der die Aufgabe hat, groß und stark zu werden.
Unsere Seelen nähren sein Wachstum.

Für Dich

Überwinde Deine Hast,
wage die Ruhe,
suche die Balance von Traum und Wirklichkeit,
lass die Liebe in Dir zu mir herüberleuchten,
ich schenke Dir mein Licht dafür.

Zusammenhalt

Aus Steinen, die Dir andere in den Lebensweg legen,
kannst Du auch Schönes bauen.
Du brauchst nur den richtigen Mörtel –
und das ist die Liebe.

Geben und Nehmen

Es genügt nicht, Liebe zu wollen.
Man muss auch bereit sein,
Liebe zu schenken –
um das Nehmen mit Geben zu danken.

Du hast ...

Du hast das Nehmen vergessen,
als wären Deine Hände stumm.
Lass sie mich zärtlich berühren,
lass sie geben und nehmen,
lass sie lebendig sein!

Worte

Worte, im Wind der Wirklichkeit,
sind wie Pfeile,
die Hilfe oder Verderben bringen.
Worte, im Nebel der Spekulationen,
sind Deutungen von Beliebigkeiten.
Worte, aus Liebe gesprochen,
sind Wegweiser zum Tor der Ewigkeit.

Taten der Liebe

Hundert kleine Taten der reinen Liebe sind mehr wert
als eine einzelne große.
Es ist wie mit dem beständigen Landregen,
der tiefer in den Grund eindringt
als ein Wolkenbruch.

IMMER SCHNELLER!

Die Woche wird zum Tag,
die Stunde zur Minute,
die Minute zum Augenblick,
die Zeit nimmt sich die Langsamkeit
und der Mensch sich die intensive Wahrnehmung.
Er verliert seine Balance
und taumelt in die Unverbindlichkeit.

WAS IST LIEBE?

Die Harmonie der Energien,
der Gleichklang der Herzen,
das Vertrauen der Lust,
die Sicherheit der Akzeptanz,
die Verlässlichkeit der Hilfe,
das Vergessen des Gestern
und das Hoffen auf die Erleuchtung,
dass das Leben ein unermüdliches Gestalten ist:
DAS könnte Liebe sein!

Zuhause

Dein Leben
stärkt die Seele,
Dein Herz
spürt die Liebe,
Deine Energie
schenkt ihr Lebendigkeit,
Dein Körper
ist ein achtsames Zuhause.

Standpunkt der Freude

Über die wenigen Freuden des Lebens
sollte man nicht viel nachdenken.
Es ist besser, sie zu genießen,
als sie zu bewerten und zu begreifen,
zumal alles Gute und Schlechte in
seiner Auslebung eine Frage des Standpunktes ist.

Kreislauf im Herbst

Es wiegen sich die Äste im Herbstwind,
der Malkasten der Natur offenbart seine Vielfalt,
die bunten Blätter verlieren ihren Halt.
Der Kreislauf vom Sterben und neuen Leben geht seinen Gang.
Auch die Liebe wendet sich nach innen,
sucht dort nach Wärme und Geborgenheit,
damit das Herz auch im dunklen Winter leuchtet
und den Frühling der Sehnsüchte erwarten kann.

Dein Zuhause

Du – wirst bist nicht gefragt über Dein Leben,
Du – wirst nicht gefragt über Dein Gehen,
Dir – bleibt nur das Ansammeln glücklicher Augenblicke,
freudiger Momente.
Sie winken Dir aus der Ewigkeit:
Deinem Zuhause.

Raum geben

Man muss loslassen können
und doch sein wie ein Baum.
Man muss den Atem anhalten können
für einen Augenblick der Freude.
Man sollte dem Herzen und der Seele
einen gemeinsamen Raum schenken,
damit sie sich finden können:
am Tag, in der Nacht
und in alle Ewigkeit.

Mysterium der Liebe

Wer das Geheimnis der Liebe kennt,
weiß um des Lebens Freud und Leid.
Er ist beschenkt mit der Erkenntnis:
Nur für die Liebe lohnt es sich zu leben.

Selbstlos

Selbstlos bin ich geboren,
selbstlos liebe ich,
selbstlos diene ich,
selbstlos funktioniere ich.
Selbstlos, ohne die Geißel des Egoismus, lebe ich.
Aber selbstlos heißt nicht, sich selbst los-zu-werden,
Dies würde bedeuten:
Ich kann nichts mehr geben!

Silberstreifen

Selbst die übelste Stunde schreitet voran
und findet ihr Ende in der Hoffnung auf Besserung.

Die Frage

Es ist das Warum und das Wieso,
es sind die Fragen ohne Antworten:
Dieses Geheimnis bleibt
über den Zeitraum unseres Daseins
eine unbekannte Größe des Universums.
Nur über die Liebe, die Achtsamkeit und die Demut
schenkt uns die Seele kleine Hinweise darauf,
wie wir es entdecken können:
das Geheimnis unseres Ichs.

Reichtum

Dein Namen auf meinen Lippen,
Deine Schönheit in meinen Gedanken und
Dein Herz in meiner Seele –
könnte es je größeren Reichtum geben?

Ohne Sahne

Ich habe Vorschläge gemacht,
ich habe Angebote unterbreitet,
ich wollte nur ich selbst sein und
fand mich wieder
auf einem Marktplatz der Beliebigkeiten.
Ich suchte Liebe und
wurde von mir und anderen benutzt.
Es bleiben nur Verlust und Verzicht:
Die Liebe schaut vorbei,
zur Kaffeezeit mit Kuchen,
aber ohne Sahne!

Momente (I)

Das Unheil,
das Dir widerfährt,
kommt aus den Momenten,
die Du versäumt hast.

Momente (II)

Alle Werte und Güter dieser Welt
können die Momente nicht aufwiegen,
die Du mir in Liebe schenkst.
Du bist der Sonne Ebenbild.

Nacheinander

Wieder haben wir miteinander gegessen, gesprochen,
　　geschlafen –
ohne Herz und Seele.
Und wieder hatten wir kein Verlangen.
Nacheinander haben wir uns beleidigt und unsere Seelen
　　verletzt.
Nacheinander trennen sich die Wege unserer Herzen.
Nacheinander ist gestern ohne Miteinander im Heute.

Blumen der Liebe

Blumen der Liebe hast Du mir geschenkt.
Sie blühen im Frühling, im Sommer, auch noch im September
und verzaubern mein Leben.
Aber die Schönste Blume bist Du –
und Du wirst ewig im Garten meiner Träume blühen.

HERBSTGEDANKEN

Herbst, wie hast Du Dir Dein buntes Farbenreich erschaffen.
Wie zeigst Du uns den Kreislauf vom Kommen und vom Gehen
auf Deinem Fest des Sterbens und der Wiedergeburt. Und
was machen wir Menschen?
Wir modeln in schwarzer Kluft,
ergeben uns in Trauerrituale,
ziehen dabei Kreise um uns selbst.
Der Herbst hingegen
trägt zum Abschied warme Töne – in Erwartung neuen
    Lebens.

ABSCHREIBUNG

Ich schreibe meine Liebe zu Ende,
ehe das Leben meine Liebe zu Dir abschreibt.

DENKEN

An Dich zu denken und das Glück nicht zu sehen – wieso?
Das Denken öffnet die Tür zum Fühlen.
Und ich denke an Dich:
wie Du bist,
wie Du Dich bewegst,
an Deine Stimme,
an Deine Augen,
an Deinen Duft,
an Deine Küsse.
Wo bleibt da Zeit für Unglück?
Ich habe keine Zeit dafür!

KÖRPERSPRACHE

Dein Körper ist Uhrzeit und Ort.
Jedes Organ in Dir ist Land und Geschichte,
reich an Legenden aus Deinen Träumen,
die jede liebevolle Begegnung
zum Festspiel der Sinne machen.

ERKENNEN

Wer könnte die Welt lieben,
ohne sich selbst als Liebsten zu erkennen?

DER WEG

Ein Weg der Steine,
ein Weg der Stürme,
ein Weg der Lügen,
ein Weg der Traurigkeit,
ein Weg des Unvermögens,
ein Weg im Nichts.
Schließlich der Weg zu Dir:
der Weg der Liebe,
der Weg des Glücks.
Endlich vereint mit Herz und Seele!

Woanders

Auf die Erde fallen.
Vorteile sammeln.
Blumen pflücken.
Steine werfen.
Berührung üben.
Kondome kaufen.
Gefühle suchen.
Nur die Liebe –
die ist woanders.

Liebe

Liebe ist nichts, was Du machst,
Liebe ist etwas, das Du bist.
Jetzt, in diesem Augenblick,
bist Du die Verkörperung der Liebe.
Nicht weniger als Du!

Dein Platz

Wer unbewegt nach Norden schaut,
hat auch im Süden keine Hoffnung;
es bleiben nur Osten und Westen.
Dort geht die Sonne auf und unter,
dazwischen steht das Leben:
mit Not, mit Lügen und Verdruss, doch auch
mit Liebe, Freude und Mitgefühl.
Hier ist Dein Platz:
Erobere ihn täglich neu mit Deinem Herzen.

Altern

Das Altern ist eine geschenkte Zeit,
den Sinn des Lebens
in seiner Unwirklichkeit
zu begreifen.

Das Nachtlicht

Der Schein der Straßenlaternen schwindet in der Dunkelheit,
bunte Gedanken werden im Schatten grau und
verlieren ihre Konturen,
das Mondlicht sucht nach neuen Chancen,
um den Sinn seiner selbst zu erkennen.
Irrlichter beleuchten die Illusionen,
Träume verzerren sich, die Realität wird
zur Nabelschau der Unvollkommenheiten.
Nur die wahre Liebe lebt in der Stille
im ewigen Licht der Achtsamkeit.

KOMMEN UND GEHEN

Unsere Rosen, sie sind verblüht –
nur die Vase, die bleibt.
Unsere Sehnsucht, mal stark und mal suchend –
nur die Liebe, sie bleibt.
Die Träume kommen und gehen,
nur die Wirklichkeit bleibt.
Die glücklichen Momente trösten die Seele,
doch sie erscheinen spontan und verweilen
nur kurz. Was bleibt, ist die liebende Zeit –
auf dem Weg zur Ewigkeit.

VERLUST

Was ich Dir nicht sagen kann,
weil es nicht möglich ist,
wird in der Tiefe meines Schweigens versinken.
Der Verlust wird zum Verzicht und
keine Weisheit kann dies erklären.

Dein Garten der Liebe

Zwischen den Flüssen der Seele
und den Gipfeln des Herzens
liegt Dein blühender Garten,
in dem Tausende zarter Blüten
in den schönsten Farben leuchten.
Sie schenken Dir Lust und Lebensfreude.
Sei achtsam und zärtlich,
sei voller Demut und lass die Blüten
niemals weinen!

4 Uhr morgens

Die Nacht rollt ihren Vorhang auf,
ein dunkles Grau ebnet dem Licht die Räume.
Ich werde wach.
Meine Träume lassen mich allein.
Es ist still.
Meine Gedanken wandern im Nachhall meiner
    Wahrnehmungen.
Wie war das Gestern, wie wird das Heute?
Ich suche liebevolle Emotionen,
aber es bleiben mehr Fragen als Antworten.
Die Liebe hinter dem Schleier der Wirklichkeit
wird Bestandteil eines Herzens zwischen Trauer und Freude.
Es ist 7 Uhr.
Aufstehen für einen Tag des kleinen Glücks.
Ich fühle Dankbarkeit.

Tod

Ich, der Tod, ich liebe Dich und bringe Dir
Segen auf dem Weg in meine Welt.
Sei mein Gefährte und nicht mein Feind.

Halte mich!

Ich liege bei Dir,
Deine Arme halten mich,
Deine Arme halten Herz und Seele,
Deine Arme halten alles, was ich bin.
Ich liege bei Dir,
meine Arme halten Dich.

Zuletzt

Zuletzt
sucht der Wahnsinn die Realität,
die Liebe die Ewigkeit,
der Mund den Kuss
und das Leben ein hoffnungsvolles Ende.
Es bleibt uns:
nur das Erinnern.
Sammeln wir:
glückliche Momente!

Index aller Gedichte

4

4 Uhr morgens 182

A

Abschied 141
Abschreibung 177
Acht Rosen 118
Adieu 159
Adventszeit 158
Akademische Liebe 164
Alle Schönheiten 45
Altern 180
Am Abend 64
Am Horizont 93
Am Morgen (I) 112
Am Morgen (II) 112
Angst 22
Ankerplatz 147
Atemspiele 78
Atemwege 89
Auf der Suche 167
Auf der Suche mit mir 83
Aufwachen 56
Ausharren 36

B

Baum der Liebe 169
Begegnung 23
Begegnung der Liebe 35
Begegnungen 44, 50

Begrenzung 35
Bei Dir 46
Bei Dir zu Hause 138
Berg der Träume 125
Berühren 80
Berührende Liebe 8
Berührung 73
Berührung ohne Worte 40
Besuch bei Dir 136
Bilder der Rosen 30
Bis morgen 69
Bis zum Morgen 95
Blauer Himmel 123
Bleib bei mir! 57
Blumen der Liebe 176
Botschafter 128
Brennende Mahnung 12

D

Dafür 145
Da für Dich 105
Dafür leben wir 168
Danke! 153
DANKE sagen 120
Das alles 38
Da sein 156
Das Gestern 29
Das herrlichste Lied 19
Das ist Leben! 18
Das kleine Glück 150
Das Lied der Liebe 56, 89
Das Nachtlicht 180

Das schönste Geschenk 61
Das Tor der Sehnsucht 58
Das Warten 96
Das Wertvollste 168
Das Wesentliche 41
Das will ich: 163
Das will ich nicht! 63
Das Wollen 62
Dazwischen 81
Dein Atem 97
Dein Auftrag 100
Dein Augenlicht 90
Dein Besitz 156
Dein Duft 105
Deine Augen 44
Deine Blumen 162
Deine Blüte 39
Deine Fragen 142
Deine Küsse 7
Deine Liebe 18, 31, 43
Deine Lust 9
Deine Mitte 20
Deine Nähe 82, 155
Deine Rose 27
Deine Schatten 157
Deine Schönheit 33
Deine Sonne 8
Deine Wirklichkeit 115
Deine Worte 129
Deine Zeit 135
Deine Zeit der Liebe 89
Dein Frühling 90
Dein Garten der Liebe 182
Dein Gericht 160
Dein Herz 62
Dein Himmel 130
Dein Körper 32
Dein Kuss 88
Dein Lächeln 55, 154
Dein Lachen 133
Dein Mund 7
Dein Paradies 37
Dein Platz 179
Dein Schatten 26
Dein Ziel 149
Dein Zuhause 51, 173
Den Blumen gleich 101
Denken 177
Der Anfang für das Ende 147
Der Liebe größte Bedrohung 72
Der Moment 80
Der Morgen 94
Der Nachtvogel des Zweifels 11
Der schönste Grund 91
Der schönste Lohn 163
Der Tag 82
Der Weg 178
Der Weg durch das Tal 164
Der Weg zu Dir 139
Diamant 9
Dich spüren 26
Die Frage 174
Die kleine Rose 102
Die Kraft der Liebe 92
Die Liebe 54
Die Liebe aus der Stille 74
Die Liebe erwacht! 96
Die Rosen 140
Die Sehnsucht 83
Dieser Tag 121

Dies ist Liebe 145
Die wilde Rose 14
Die Zeit 161
Die Zeit verstreicht 85
DU 123
Du bist 59
DU bist DA 38
Du bist (I) 126
Du bist (II) 126
Du hast … 170
Du lebst! 135
Du liebst 116
Du schöne Blume 138
Du verstehst 110

E

Ein Abend ohne Dich 141
Eine große Liebe 61
Eine Liebe 130
Eine Nacht 73
Eine schöne Zeit 133
Ein glücklicher Tag 80
Einmal 96
Einsam 32
Ein schöner Tag 81
Ein Traum 122
Ein Tropfen Liebe 59
Ein Wimpernschlag 103
Elefant 136
Ende des Weges 132
Endlich! 9
Engel der Sehnsucht 98
Erfolg 168
Erfülltheit 119

Erkennen 167, 178
Erntezeit 22
Es fließt 25
Es werde Licht 124
Ewiger Friede 100
Ewiger Tanz 104
Ewig verbunden 102

F

Feuervogel 10
Flieg mit mir 133
Frau zu sein 84
Freiheit 16
Frei sein 92, 108
Fruchtbarer Boden 152
Fühlende Liebe 146
Für Dich 113, 169
Für DICH 57
Für die Seele leben 67

G

Ganz einfach! 167
Ganz für Dich 72
Geben und Nehmen 169
Gedankenliebe 143
Gefühle am Meer 25
Gefunden 15
Gegenüber 109
Geheimnis 111
Geheimnis der Liebe 107
Geliebtes Leben 114
Geliebt werden 97
Gemeinsamkeit 47

Genau dort 17
Genießen 16
Gesegnet 103
Gesucht, gefunden 67
Gleichklang 23
Glück finden 112
Goldene Berührung 130
Goldregen 79
Gottesgeschenk 114
Göttliche Blume 78
Göttliche Momente 12
Göttlicher Hauch 106
Größte Freude 104
Gute Träume 148

H

Halb und Halb 116
Halte mich! 183
Hand in Hand 103
Heimkehren 83
Herbstgedanken 157, 177
Herbstzeit der Liebe 154
Herbstzeitlos 153
Herzensliebe 40
Himmelhoch 131
Himmelskind 132
Hoffnung 70

I

Ich … 119
Ich bin bei Dir 116
Ich brauche Dich 144
Ich friere! 62

Ich gehe 146
Ich genieße 32
Ich küsse 13
Ich liebe 78, 124
Ich liebe Dich! 120
Ich verzichte 49
Ich werde geliebt! 143
Ich will … 58
Im Hier und Jetzt 131
Immer schneller! 171
Im Mondlicht 39
Im Namen der Liebe 153
Im Schatten der Liebe 55
Im Stillen 65
In alle Ewigkeit 48, 102
In des Schöpfers Hand 46
In Ewigkeit 151
In Vollendung 37

J

Ja gesagt 110
Ja und Nein 123
Jeden Tag 106
Jeden Tag Liebe leben 84
Jede Stunde 101

K

Kleiner Engel, flieg! 127
Komm! 88
Kommen und Gehen 181
König der suchenden Liebe 33
Körpersprache 178
Kreislauf im Herbst 172

L

Lass Dich verführen! 88
Lass uns … 11, 17
Lebe! 166
Leben 127, 138
Leben mit Dir 129
Leeres Leben 64
Leere Träume 50
Letzter Tanz 120
Leuchten 101
Licht der Liebe 98
Lichter Moment 66
Liebe 135, 151, 179
Liebe Dich 74
Liebe leben! 53
Liebe lebt! 46
Lieben 122
Liebende 121
Liebe schenken! 158
Liebeserfahrung 144
Liebesstoff 111
Liebestrank 73
Liebestraum 55, 128
Liebeszeit 20
Liebesziel 28
Liebe und … 63
Liebling, 8
Lied der Sehnsucht 27

M

Manchmal 47
Mehr als Worte 163
Meine Andacht 28
Meine Liebe 56, 74, 125, 136
Meine Träume 29, 42
Mein Reichtum 137
Mein Schatten 10
Mein Schlaf 31
Mein Stern 98
Mein Traum 41
Mein Zuhause 51
Meisterlich 154
Mensch sein 160
Mit Dir 128, 159
Mit DIR 66
Miteinander 48
Mitte der Seele 25
Momente der Liebe 108
Momente (I) 175
Momente (II) 176
Mondlicht 60
Morgen 100
Morgenlied 111
Morgensonne 42
Mysterium der Liebe 173

N

Nacheinander 176
Nach Liebe … 60
Nach oben! 20
Nachtgedanken 67
Natürlich 145
Neben Dir 65
Nie vergessen 51
Nie verlassen! 7
Nimm wahr! 60
No Sex 68

Nur die Liebe 150
Nur einmal 79

O

Ohne Ende 34, 70
Ohne Erwartung 111
Ohne Inhalt 86
Ohne Lohn 19
Ohne Sahne 175
Ohne Verlangen 22

Q

Quell des Lebens 57

R

Raum geben 173
Reichtum 175
Rosengarten 68
Rosenzeit 82

S

Schließ die Augen 70
Schöner 125
Schönste Kraft 13
Schönster Gedanke 115
Schönste Rose 150
Schönster Tanz 15
Schönste Zeit 122
Schwere Liebe 81
Seelenarbeit 155
Seelenkuss 72

Seelenliebe 121
Sehnsucht 28, 44
Selbstlos 174
Sich finden 119
Silberstreifen 174
Sommerregen 30
Sonntagmorgen ohne Dich 35
Spüren 52
Standpunkt der Freude 172
Starke Sehnsucht 113
Sterbende Liebe 52
Still 68
Stiller Dank 69
Sturm der Sehnsucht 14
Suchen 50
Suchende Hoffnung 75
Suchen und Finden 21

T

Tag der Liebe 110
Tagesgeschenke 87
Taten der Liebe 170
Tief in mir 58
Tischzeit der Liebe 61
Tod 183
Toröffner 114
Tränen 63
Traumdeutung 85
Träume der Sehnsucht 41
Träume sind … 125
Traum für zwei 118
Traumgarten 53
Turbulenzen 107

U

Überleben 127
Unabdingbar 142
Und doch 126
Un-end-gültig 87
Unendlichkeit 106
Uns beiden 16
Unsere Amaryllis 54
Unsere Sekunden 77
Unsere Zeit 149
Unsere Zeit … 109
Unser Morgen 27
Unser Tanz 105
Unser Weg 21
Unterwegs zu Dir 91

V

Vergebens 161
Vergessen 140
Vergessene Liebe 129
Verliebte Frau 132
Verlorene Liebe 152
Verlorene Träume 148
Verlust 181
Verschenktes Leben 65
Verstehen 148
Vollendung 157
Vollkommenheit 104
Vom Abend zum Morgen 53
Von – Dir – zu – mir 107
Von hier und dort 77
Vorfreude 164
Vor meiner Zeit 162

W

Was für … 77
Was ist Liebe? 171
Wechsel 126
Wegweiser 49
Weil Du … 66
Weiße Rose 95
Wenn die Liebe fehlt 13
Wenn ich … 131
Wer weiß! 86
Wieder ein Tag! 109
Wieder Kind sein 93
Wie Du die Welt siehst 139
Wie eine Rose 47
Wie willst Du …? 166
Wildes Land 21
Wintergedanken 34
Winterliebe 137
Wir 137
WIR 113
Wirklichkeiten 71, 118
Woanders 179
Wo? Da! 112
Wonnig weh 15
Worte 170
Wunder 108
Wunder der Liebe 139
Wünsche 115

Z

Zärtliche Worte 17
Zauberwelt 124
Zeichen der Liebe 45

Zeit der Liebe 45, 94
Zeit der Zärtlichkeit 36
Zuhause 142, 172
Zuletzt 183
Zusammenhalt 169
Zwei Falken 69
Zwei Verliebte 14